Harz

INHALTSVERZEICHNIS

I) WILLKOMMEN IM HARZ ... 4
- Vielfältige Mittelgebirgsregion ... 4
- Steckbrief ... 5

II) REISEVORBEREITUNG ... 6
- Die besten Reiserouten ... 6
- Übernachten ... 10
- Essen & Trinken ... 12
- Sport & Freizeit ... 14
- Praktische Reiseinformationen von A bis Z ... 16

III) LAND & LEUTE ... 22
- Geschichte ... 22
- Kunst & Kultur ... 24
- Feste & Feiern ... 26
- Natur & Umwelt ... 28

IV) UNTERWEGS IM HARZ ... 32

- **Nordrand** ... 32
  Seesen S. 32, Goslar S. 33, Wolfshagen S. 39, Vienenburg S. 39, Bad Harzburg S. 41, Ilsenburg S. 44, Wernigerode S. 45, Blankenburg S. 49, Thale und das Bodetal S. 52, Quedlinburg S. 55, Ballenstedt S. 59

- **Südrand** ... 62
  Osterode am Harz S. 62, Herzberg am Harz S. 64, Bad Lauterberg S. 66, Bad Sachsa S. 69, Nordhausen S. 71, Sangerhausen S. 74, Kyffhäuser S. 76

- **Oberharz** ... 78
  Goslar-Hahnenklee S. 78, Lautenthal S. 79, Clausthal-Zellerfeld S. 80, Bad Grund S. 82, Altenau S. 84, Sankt Andreasberg S. 86, Braunlage S. 88, Hohegeiß S. 90, Schierke S. 91, Elbingerode (Harz) S. 92, Hasselfelde S. 94, Benneckenstein S. 94

- **Unterharz** ... 96
  Stolberg (Harz) S. 96, Harzgerode S. 99, Stangerode S. 101

V) WANDERN IM HARZ ... 104

1. **Um das Wiesenbeker Tal** – Auf den Spuren der Wasserscheide ab Bad Lauterberg (mittel, 12,2 km, 4:45 Std.) ... 104
2. **Zum Großen Knollen** – Von Herzberg am Harz zum Knollenturm (mittel, 16,5 km, 5:30 Std.) ... 108

HARZ

- **3 Oberharzer Wasserregal-Wanderung** – Informative Tour ab Clausthal-Zellerfeld (mittel, 14,6 km, 4:00 Std.) 112
- **4 Von Lautenthal zum Innerstestausee** – Aussichtsreiche Wanderung (schwer, 21,3 km, 6:00 Std.) 116
- **5 Kaiserpfalz und Maltermeisterturm** – Bergbau und Stadtgeschichte Goslars (mittel, 10,5 km, 3:30 Std.) . 120
- **6 Klippentraum im Okertal** – Geologische Highlights (mittel, 10,5 km, 3:30 Std.) 124
- **7 Zu den Pinselohren** – Von der Bergstation bei Bad Harzburg zu Ausblicken und Einkehrmöglichkeiten (leicht, 7,1 km, 2:00 Std.) .. 128
- **8 Über den Goetheweg zum Brocken** – Wander-Klassiker im Harz ab Torfhaus (schwer, 20,2 km, 6:00 Std.) 130
- **9 Von Ilsenburg zur Brockenkuppe** – Tagestour mit vielen Naturhighlights (schwer, 24,0 km, 8:00 Std.). 134
- **10 Über den Eckerlochstieg zum Brocken** – Brockenaufstieg am Südhang von Schierke aus (mittel, 16,7 km, 5:30 Std.) 138
- **11 Braunlager Aussichtsrunde** – Wälder, Täler und schöne Ausblicke (mittel, 15,6 km, 5:00 Std.) .. 142
- **12 Zum Oderteich** – Herrliche Talwanderung ab Sankt Andreasberg (schwer, 18,4 km, 6:00 Std.)............. 146
- **13 Von Hohegeiß zum Ebersberg** – Für Natur- und Kulturinteressierte (mittel, 11,2 km, 3:30 Std.).... 150
- **14 Zillierbachtal und Kaiserturm** – Abwechslungsreiche Streckentour (mittel, 12,4 km, 3:30 Std.).... 152
- **15 Hasselfelder Seenwanderung** – Abgeschiedenheit und Ausblicke (schwer, 23,0 km, 6:00 Std.).... 156
- **16 Auf Teufels Spuren** – Schöne Aussichtstour ab Blankenburg mit Kletterei (leicht, 7,1 km, 3:00 Std.) 160
- **17 Durch das schönste Tal des Harzes** – Herrliche Tour ab Thale zum Hexentanzplatz (schwer, 18,5 km, 5:30 Std.)...... 164
- **18 Durch die Ramberger Wälder** – Von Stecklenberg zu drei Burgruinen (schwer, 20,6 km, 6:00 Std.). 168
- **19 Zur Burg Falkenstein** – Burgentraum im Selketal ab Meisdorf (mittel, 15,9 km, 4:30 Std.) 172
- **20 Zum Josephskreuz** – Von Stolberg zum höchsten Doppelkreuz der Welt (mittel, 11,8 km, 3:30 Std.) . 174
- **21 Die Wippertäler ab Wippra** – Malerische Auenlandschaft (schwer, 24,8 km, 6:00 Std.) 178
- **22 Der Kyffhäuserweg** – Abwechslungsreiche Etappentour ab Bad Frankenhausen (mittel, 36,6 km, 10:00 Std.) . 182

VI KARTENATLAS 186

- Register...................................... 190
- Bildnachweis.................................. 191
- Impressum.................................... 192

WILLKOMMEN IM HARZ

Im Schatten des Blocksbergs
Vielfältige Mittelgebirgsregion

Schon von Weitem deutlich sichtbar, thront der mythische Blocksberg, der Brocken, wie ein König über dem Harz. Doch Deutschlands nördlichstes Gebirge ist weit mehr als nur sein höchster Gipfel. Während sein Inneres von dichtem Wald und tief eingeschnittenen Flusstälern geprägt ist, erinnern malerische Fachwerkstädtchen an seinen Rändern an den Reichtum vergangener Tage.

Besiedlung

Seit Jahrhunderten zieht der Harz Menschen aus nah und fern in seinen Bann. Germanischen Stämmen, die hier ihre heidnischen Kulte praktizierten, folgten im Mittelalter zahlreiche deutsche Kaiser und Könige. Später brachten Dichter wie Goethe oder Heine ihre Bewunderung für den Harz in Reiseberichten zum Ausdruck. Und auch heute noch kommen jährlich zahlreiche Menschen in Deutschlands nördlichstes Mittelgebirge, um sich an seiner einzigartigen Mischung aus vielseitiger Kultur und Natur zu erfreuen.

Eiserner Vorhang

War der Harz in der zweiten Hälfte des 20. Jh. lange Zeit durch den eisernen Vorhang in eine Ost- und eine Westhälfte zerschnitten, so kann man ihn seit dem Jahr 1989 wieder als Ganzes bereisen. Der größte Teil des Harz gehört heute zu den beiden deutschen Bundesländern Niedersachsen und Sachsen-Anhalt. Im Süden hat auch Thüringen einen kleinen Anteil am Gebirge. Während die meisten größeren Städte des Harz an seinen Rändern liegen, ist die eigentliche Gebirgsregion vergleichsweise dünn besiedelt.

VIELFÄLTIGE MITTELGEBIRGSREGION

Bergbau

Dichte Wälder bedecken Täler und Berge, sodass kaum etwas darauf hindeutet, dass der Harz jahrhundertelang ein bedeutendes Zentrum des Bergbaus war. Tatsächlich ist jedoch besonders der Oberharz mit seinen sieben historischen Bergstädten Bad Grund, Clausthal, Zellerfeld, Wildemann, Lautenthal, Altenau und Sankt Andreasberg von einem wahren Labyrinth an unterirdischen Gängen durchzogen. Wie die Kumpel in früheren Zeiten eisen-, silber- und kupferhaltiges Erzgestein aus dem Boden gruben, kann man sich heute in zahlreichen Besucherbergwerken anschauen.

Natur pur

Ebenfalls im Oberharz, wie der westliche Teil des Gebirges genannt wird, befindet sich der Nationalpark Harz. Rund um die höchsten Gipfel des Harz, zu denen neben dem 1.141 m ü. NN hohen Brocken auch der Wurmberg (971 m ü. NN) und die Achtermannshöhe (925 m ü. NN) gehören, hat die Natur hier auf 247 km² die Möglichkeit, sich ungestört zu entfalten. Nicht ganz so hoch wie der Oberharz, aber deshalb nicht weniger sehenswert, sind die weiten Hochflächen des Unterharz im Osten der Region. Vor allem die tief eingeschnittenen Täler der Selke und der Bode, die bei Thale an bis zu 250 m hohen Granitwänden vorbeifließt, locken das ganze Jahr über neugierige Besucher an.

STECKBRIEF

Lage:
- Im nördlichen Zentrum Deutschlands zwischen Magdeburg, Braunschweig, Göttingen und Halle/Saale

Verwaltung:
- Niedersachsen, Landkreise Goslar und Osterode am Harz
- Sachsen-Anhalt, Landkreise Harz und Mansfeld-Südharz
- Thüringen, Landkreis Nordhausen

Fläche:
- rund 4.000 km², davon ca. 247 km² Nationalpark Harz

Einwohnerzahl:
- ca. 860.000 Einwohner
- die Randgebiete sind deutlich dichter besiedelt als das Innere des Harzes

Natur:
- dichte Fichtenwälder
- höchste Gipfel zwischen Bad Harzburg, Wernigerode, Altenau und Sankt Andreasberg
- tief eingeschnittene Flusstäler
- im Unterharz ausgedehnte Hochflächen

Tourismus:
- jährlich mehr als 30 Mio. Tagesgäste
- mehr als 1,7 Mio. Übernachtungsgäste mit rund 6 Mio. Übernachtungen
- ca. 650 Übernachtungsbetriebe mit mehr als acht Betten

Höchste Erhebung:
- Brocken (1.141 m ü. NN)

Sonnenscheinstunden:
- zwischen 1.300 und 1.500 Sonnenstunden im Jahr

Jahresniederschlag:
- im Westharz 800 bis 1.300 mm
- auf dem Brocken über 1.600 mm
- im Ostharz 500 bis 600 mm

REISEVORBEREITUNG

Harz kompakt
Die besten Reiserouten

Ob Tagesausflüge oder mehrtägige Rundreisen – im Harz gibt es für jeden Geschmack die passende Reiseroute. Wanderungen durch die faszinierende Natur, spannende Erlebnisse mit Kindern oder Ausflüge in die schönsten Städte der Region stehen zur Auswahl. Die besten Tipps für abwechslungsreiche Kurzreisen:

Höchster Berg und tiefstes Tal
Tag 1: Zum Brocken

Der erste Tag unserer zweitägigen Outdoor-Kurzreise führt uns zum höchsten Punkt des Harz auf den Brockengipfel. Der klassische Ausgangspunkt für eine Brockenwanderung ist Schierke. Sehr schön ist aber auch der Aufstieg von Torfhaus, der durch die weiten Hochmoore westlich des Gipfels führt.

▶ Tour: Höchster Berg und tiefstes Tal.

DIE BESTEN REISEROUTEN

▶ Tour: Harzer Kinderspaß.

Tag ❷: Durchs Bodetal
Am zweiten Tag steigen wir hinab in Deutschlands tiefste Schlucht außerhalb der Alpen. Startpunkt unserer ca. 10 km langen Wanderung ist Treseburg. Von hier aus folgen wir dem Harzer-Hexen-Stieg durch das wildromantische Bodetal an steilen Felswänden vorbei bis nach Thale. Als krönender Abschluss wartet dort die Fahrt mit der Seilbahn auf einen der beiden rund 250 m hohen Granitfelsen Rosstrappe oder Hexentanzplatz auf uns.

Harzer Kinderspaß
Tag ❶: Märchenwald Bad Grund
Am Fuße des Ibergs bei Bad Grund lädt der Märchenwald dazu ein, in die Welt der Sagen einzutauchen. Zahlreiche bekannte Märchen wie Hänsel und Gretel oder Schneewittchen und die sieben Zwerge, aber auch regionale Sagen werden hier im Märchenhaus anhand von schönen Bühnenbildern dargestellt.

Tag ❷: Klettern und Sommerrodeln
Im schön angelegten Kurpark von Sankt Andreasberg befindet sich mit der Bergsport-Arena einer der größten Hochseilgärten in ganz Deutschland. An Seilen gesichert gilt es auf dem 300 m langen Parcours, insgesamt 28 Hindernisse zu überwinden. Wer danach noch Lust auf mehr hat, der kann auf der Sommerrodelbahn am Matthias-Schmidt-Berg 550 m lang rasant den Berg hinunterschlittern.

Tag ❸: Westernstadt Pullman City II
Nördlich von Hasselfelde im Oberharz lädt die Westernstadt Pullman City II Jung und Alt zu einer Reise in den Wilden Westen ein.
Hier gibt es u. a. einen kleinen Zoo mit echten Bisons, ein spannendes Indianermuseum, ein Goldwäscherlager und einen großen Abenteuerspielplatz. Höhepunkt des Besuchs der Westernstadt ist die täglich stattfindende Westernshow mit jeder Menge Action.

REISEVORBEREITUNG

Auf einer Zeitreise durch den Nordharz

Tag 1: Goslar

Unsere Reise in die Vergangenheit beginnt in der alten Reichsstadt Goslar. Beim Schlendern durch die von Fachwerkhäusern gesäumten Gassen der Altstadt fühlt man sich unwillkürlich in die Zeit zurückversetzt, als deutsche Kaiser hier ihre prunkvollen Reichstage abhielten. Auf keinen Fall verpassen sollte man das Erzbergwerk am Rammelsberg, das zusammen mit der romanischen Kaiserpfalz und der Altstadt zum Weltkulturerbe gehört.

Tag 2: Wernigerode

Von Goslar aus führt uns unsere Reise weiter gen Osten nach Wernigerode. Auf dem Weg dorthin lohnt ein Abstecher zum alten Kloster Drübeck bei Ilsenburg.
In Wernigerode erwartet uns abermals eine herrliche Altstadt voller uriger Fachwerkbauten, die ein charmantes Flair versprühen. Glanzpunkt ist das märchenhaft anmutende Rathaus am zentralen Marktplatz. Hoch über der Stadt thront mit dem Wernigeröder Schloss das „Neuschwanstein des Harz".

▶ Tour: Auf einer Zeitreise durch den Nordharz.

DIE BESTEN REISEROUTEN

Tag ③: Quedlinburg

Am dritten Tag unserer Reise fahren wir von Wernigerode aus weiter nach Quedlinburg. Mit über 1.300 historischen Fachwerkhäusern, denen die Stadt den Titel eines UNESCO-Weltkulturerbes zu verdanken hat, ist Quedlinburg in Deutschland einzigartig.
Kleine, verwinkelte Gassen führen im Süden der pittoresken Altstadt hinauf zur monumentalen Stiftskirche auf dem Schlossberg, von wo aus im Mittelalter die Äbtissin des Klosters über Quedlinburg herrschte.

Tag ④: Gernrode und Burg Falkenstein

Nach unserem Aufbruch in Quedlinburg erreichen wir nur wenige Kilometer weiter südlich das kleine Städtchen Gernrode am Gebirgsrand des Harzes. In der gemütlichen Altstadt, die zum Bummeln einlädt, befindet sich die sehenswerte Basilika St. Cyriakus aus ottonischer Zeit. Nach einer Besichtigung geht es anschließend weiter nach Osten über Ballenstedt weiter ins Selketal, wo mit der Burg Falkenstein eine der besterhaltenen Burganlagen des Mittelalters auf uns wartet.

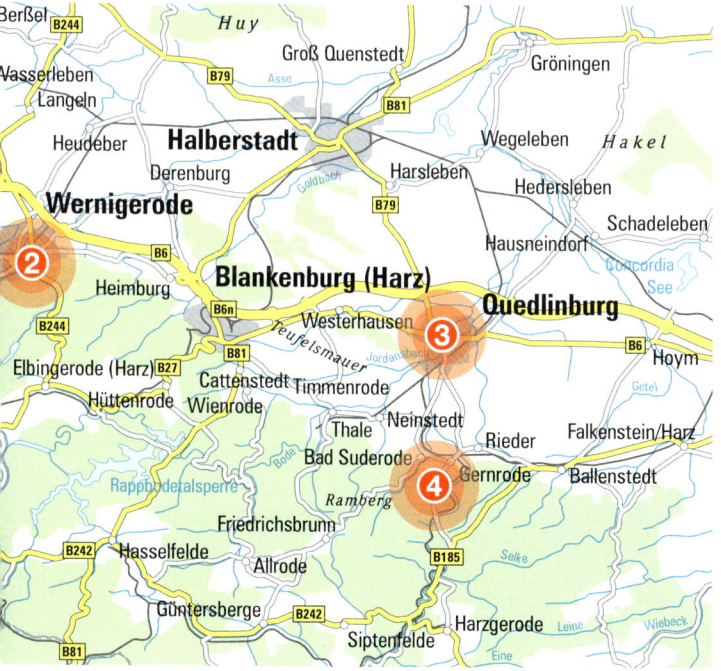

REISEVORBEREITUNG

Übernachten
Hotels, Camping & Co.

Wer den Harz für mehr als einen Tag besucht, braucht natürlich eine Unterkunft. Je nachdem, welche Ansprüche man stellt, findet man Luxushotels, einfache Hotels, Pensionen, gemütliche Bed & Breakfast-Betriebe, Ferienwohnungen, Campingplätze oder Jugendherbergen. Um unangenehme Überraschungen zu vermeiden, empfiehlt sich eine frühzeitige Reservierung.

Campingplätze
Mit seinen ausgedehnten Wäldern und unbebauten Hochflächen eignet sich der Harz hervorragend für einen Urlaub im Zelt, Wohnwagen oder Wohnmobil. Zahlreiche Campingplätze in den verschiedensten Lagen bieten dem Harzbesucher die Möglichkeit, sein mobiles Lager inmitten schönster Naturlandschaften aufzuschlagen. Während einige Plätze in unmittelbarer Ufernähe schöner Gewässer wie dem Oder- oder dem Okerstausee liegen, sind andere wegen ihrer Waldrandlage das ideale Basislager für Touren in die Natur. Häufig haben die Campingplätze auf ihrem Gelände eigene Freizeitanlagen wie Spielplätze oder Schwimmbäder. Sowohl in punkto Ausstattung als auch bei Größe und Höhe der Gebühren gibt es jedoch große Unterschiede. Einige Orte verfügen auch über eigens für diesen Zweck eingerichtete Wohnmobilstellplätze.

Hotels und Pensionen
Jede Stadt und auch viele der kleinen Dörfer im Harz verfügen über mindestens ein Hotel oder eine Pension, meist mehrere. Je nachdem, wie viel man zu zahlen bereit ist, kommt man in einer

ÜBERNACHTEN

einfachen Unterkunft oder einem Hotel der gehobenen Klasse unter. Während die meisten größeren Hotels eine eigene Internetseite betreiben, sind viele Pensionen und Bed & Breakfast-Betriebe teilweise nur telefonisch erreichbar. Die lokalen Tourismusbüros helfen bei der Vermittlung von Angeboten. Wer sich in seinem Urlaubsdomizil gerne etwas mehr ausbreitet und abends nicht unbedingt ins Restaurant gehen möchte, kann sich natürlich auch in einer der zahlreichen Ferienwohnungen einquartieren. Ganz unter sich können Urlauber in einem der Ferienparks des Harz bleiben. Die Ferienhäuser, die häufig im traditionellen Harzer, im alpinen oder im nordischen Stil gebaut sind, bieten je nach Größe Platz für die ganze Familie. Eine Auflistung zahlreicher Gastgeber im gesamten Harz findet man im Internet auf www.harz.de/kategorie/gastgeber.

Jugendherbergen

Nicht nur für Jugendliche und junge Erwachsene ist die Jugendherberge die kostengünstige Alternative zum Hotel. Wegen der vielfältigen Freizeitmöglichkeiten für Kinder verbringen auch immer mehr Familien ihren Urlaub in Jugendherbergen. Insgesamt zwölf Jugendherbergen des internationalen Jugendherbergsverbands IYHF sind im Harz zu finden. Am günstigsten ist für gewöhnlich die Übernachtung in einem Mehrbettzimmer. Wer ein Zimmer für sich alleine oder zu zweit haben möchte, muss dagegen etwas mehr bezahlen. Für Familien oder Jugendgruppen gibt es häufig Sonderangebote. Voraussetzung für eine Übernachtung in einer Jugendherberge ist stets die Mitgliedschaft beim Deutschen Jugendherbergswerk DJH. Für Personen unter 27 Jahren kostet die Einzelmitgliedschaft 12,50 €, für Personen ab 27 Jahren 21 €. Familien mit Kindern unter 27 können auch eine Familienmitgliedschaft beantragen, die ebenfalls 21 € kostet. Wenn die Mitgliedschaft nicht erneuert wird, erlischt sie nach einem Jahr automatisch. Genauere Details über die Jugendherbergen im Harz findet man auf den Internetseiten der drei Landesverbände: www.djh-niedersachsen.de, www.djh-sachsen-anhalt.de und www.djh-thueringen.de.

▶ *Die Burgschenke in der Burgruine Hohnstein bei Neustadt.*

REISEVORBEREITUNG

Essen & Trinken
Die Harzer Küche

Die typischen Speisen des Harz sind dem harten Bergmannsleben früherer Tage angepasst. Neben einer Vielzahl deftiger Würste kommen in der Küche auch Produkte aus der Natur wie Wild, Fisch, Pilze oder Heidelbeeren zum Einsatz. Ein bekannter Harzer Käse, der Harzer Roller, heißt genauso wie der Vogel, der die Bergleute früher vor dem Erstickungstod bewahrte.

Wild, Rind und Fisch

Während der Verzehr von Wildfleisch früher ein Privileg des Adels war, dürfen Wildgerichte heutzutage auf der Speisekarte eines typischen Harzer Restaurants nicht fehlen. Besonders in den Herbst- und Wintermonaten werden vielerorts Gerichte wie Hirschgulasch oder Wildschweinbraten mit Preiselbeeren angeboten. Eine Besonderheit des Harz ist das Harzer Rote Höhenvieh, eine kurzbeinige Rinderart mit längerem rötlichen Fell. Da die Tiere im Sommer auf den Wiesen des Harz verschiedene Kräuter verzehren, ist ihr Fleisch besonders aromatisch. Mit seinen vielen Flüssen und Bächen ist der Harz traditionell auch eine fischreiche Region. Auf den Speisekarten findet sich vor allem die rot gepunktete Harzer Bachforelle sehr häufig, deren Fleisch als besonders schmackhaft gilt. Sie wird sowohl gedünstet, als auch gebraten, gebacken oder geräuchert serviert.

Braunkohl und Schmorwurst

Was andernorts in Deutschland Grünkohl genannt wird, heißt im Harz Braunkohl. Gemeinsam mit einer Scheibe Schweinebauch wird er gegart und anschließend mit

ESSEN & TRINKEN

Schmor- oder Bregenwurst serviert. Beide Würste werden aus gewürztem Schweinefleisch hergestellt, das in Schweinedarm gefüllt und anschließend gebrüht und geräuchert wird. Als Beilage zu dem Gericht werden typischerweise Salz- oder Bratkartoffeln gereicht.

Harzer Roller

Eines der bekanntesten Produkte des Harz ist ein Käse. Der herzhaftwürzige Harzer Roller wird seit über 200 Jahren aus Magermilchquark hergestellt und enthält zwar jede Menge Eiweiß, aber nur ein halbes Prozent Fett. Der Käse trägt diesen Namen, der bevorzugt zu Graubrot, Zwiebeln und Schmalz verzehrt wird, weil die Bauern ihn früher von Hand rollten. Nicht verwechseln sollte man den Käse mit den Kanarienvögeln, die den Bergleuten früher unter Tage anzeigten, wann die Luft gefährlich viel Kohlenmonoxid enthielt und ebenfalls Harzer Roller heißen.

Bier und Härteres

Eine der bekanntesten Brauereien Deutschlands hat ihren Sitz im Harz. Die Rede ist nicht von der Clausthaler Brauerei, deren alkoholfreie Biere seit Mitte des 20. Jh. nicht mehr in der Oberharzer Bergstadt, sondern in Hessen gebraut werden – vielmehr ist damit die Brauerei Hasseröder gemeint. Ursprünglich im Wernigeröder Stadtteil Hasserode ansässig, wird das Premium Pilsner mit dem Auerhahn heute in einer hochmodernen Brauereianlage am nordöstlichen Stadtrand hergestellt. Von den zahlreichen Lokalbrauereien, die früher über den ganzen Harz in vielen Orten bestanden, haben sich nur wenige in die Gegenwart retten können. Zu den bekannteren zählen die Nordhäuser Brauerei, die Altenauer Brauerei und die Mammut-Brauerei in Sangerhausen. Keinesfalls zu verachten sind die höherprozentigen Spirituosen aus dem Harz. So werden hier u. a. Beerenliköre wie die Brockenhexe, Halbbitterliköre wie der bekannte Schierker Feuerstein oder klare Schnäpse wie der Nordhäuser Korn hergestellt.

1 x 1 der regionalen Spezialitäten

Braunkohl und Schmorwurst – dazu werden meist Schweinebauch und Salz- oder Bratkartoffeln gereicht
Harzer Nackedei – gut gewürzte Bratwurst ohne Pelle
Schärpermahlzeit – traditionelles Bergmannsessen mit Harzkäse, regionalen Wurstspezialitäten, Mett, Schmalz, Gurken und dunklem Brot

PREISNIVEAU

Kleine Mahlzeit	ca. 5,00 € bis 9,00 €
Salatteller	ca. 6,00 € bis 8,00 €
Braunkohl mit Schmorwurst	ca. 10,00 €
Hauptgericht	ca. 10,00 € bis 20,00 €
Wildgerichte	ca. 14,00 € bis 20,00 €
Kaffee	ca. 2,00 €
Bier (0,3 l)	ca. 2,30 €
Cola (0,3 l)	ca. 2,30 €

REISEVORBEREITUNG

Sport & Freizeit
Aktiv im Sommer und Winter

Der Harz verfügt dank seiner guten Infrastruktur über erstklassige Bedingungen für zahlreiche Aktivitäten an der frischen Luft. Während Aktivtouristen den Harz in der warmen Jahreszeit auf einem dichten Wander- und Radwegenetz entdecken können, zieht es im Winter zahlreiche Wintersportler auf die Pisten und Loipen des verschneiten Hochharz.

Wandern

Schon Heinrich Heine beschrieb seine Fußreise durch den Harz, u. a. nach Goslar und auf den Brockengipfel, in den schillerndsten Farben. Die dichten Wälder und aussichtsreichen Berggipfel des Mittelgebirges locken auch heute noch zahlreiche Wanderer an. Rund 8.000 km ausgeschilderte Wanderwege, die von den lokalen Ablegern des Harzklubs gepflegt werden, durchziehen die Region flächendeckend. Teil des Wegenetzes sind auch einige sehr schöne Fernwanderwege. Einer der bekanntesten ist der Harzer-Hexen-Stieg, der den Harz von Osterode nach Thale auf einer Strecke von 97 km durchquert (s. S. 86). Zu den Höhepunkten des Weges gehören u. a. der Brockengipfel und das Bodetal. Am Südwestrand des Gebirges gibt es mit dem Baudensteig einen Fernwanderweg, der die Bewegung an der frischen Luft mit gutem Essen verbindet (s. S. 68). Beliebt sind auch der Selketal-Stieg durch das wildromantische Selketal im Unterharz, der Karstwanderweg durch die ausgewaschene Karstlandschaft des Südharz und der Harzer Grenzweg, der dem „grünen Band" entlang der ehemaligen innerdeutschen Grenze folgt.

SPORT & FREIZEIT

Radfahren

Während die Radwege durch das sanfte Harzvorland und entlang der Gebirgsränder zu Radtouren mit Kindern einladen, erfordern Fahrten hinauf zu den Hochlagen des Mittelgebirges auch eine gehörige Portion Fitness. Mit der bekannteste Radweg des Harz ist der Harz-Rundweg, der das Gebirge an seinen Rändern auf einer Strecke von rund 400 km komplett umrundet. Dabei führt er nicht nur durch schöne Landschaften, sondern auch in viele der sehenswerten Städte am Harzrand, u. a. nach Goslar und Wernigerode. Radfahrer, die dem Weser-Harz-Heide-Radfernweg vom Weserursprung in die Lüneburger Heide folgen, kommen dagegen tief in den Oberharz hinein und müssen eine Höhe von über 600 m überwinden. Eine der sportlich anspruchsvollsten Touren führt von Wernigerode hinauf zum 1.141 m ü. NN hohen Gipfel des Brocken.

Mountainbiken

Da es nördlich des Harz bis zu den Küsten von Nord- und Ostsee praktisch keine Berge mehr gibt, ist es kein Wunder, dass das Mittelgebirge die norddeutsche Mountainbikeregion schlechthin ist. Regelmäßig kommen zahlreiche Städter aus den großen Ballungsgebieten hierher, um sich in den Waldgebieten auszutoben. Mit der Volksbank Arena Harz existiert im Oberharz ein Netz aus 62 ausgeschilderten MTB-Rundtouren mit einer Gesamtlänge von 1.800 km. Den besonderen Kick verspricht der Besuch eines Bike-Parks, bei dem Singletrail-, Freeride- und Downhill-Fans auf ihre Kosten kommen. Bike-Parks gibt es in Hahnenklee, Braunlage und Schulenberg sowie in Thale, während im Landkreis Wernigerode ein 146 km weites Mountainbikewegenetz auf Biker wartet. Mehr Informationen zu den MTB-Möglichkeiten im Harz gibt es im Internet auf den Seiten www.volksbankarenaharz.de, www.alpinum-schulenberg.de, www.bikepark-braunlage.de, www.rosstrappendownhill.de.

Wintersport

Das Zentrum des alpinen Skisports ist Braunlage mit seinen bis zu 4 km langen Abfahrten am Wurmberg. Über Skipisten mit Liftanlagen verfügen jedoch auch Sankt Andreasberg, Hohegeiß, Schulenberg, Hahnenklee, Altenau, Torfhaus, Clausthal-Zellerfeld und Osterode-Lerbach. Langlaufen und Rodeln kann man dagegen auch in anderen Orten. So gibt es allein rund um Schierke Loipen mit einer Gesamtlänge von 40 km. Zwischen Benneckenstein und Hohegeiß folgt die Grenzloipe 12 km lang der ehemaligen innerdeutschen Grenze. Geräumte Winterwanderwege laden zudem zu Spaziergängen durch märchenhaft weiße Wälder ein. Informationen zu den aktuellen Schneehöhen gibt es im Netz auf www.harzinfo.de/wetter/winter.php.

REISEVORBEREITUNG

Von A bis Z
Praktische Reiseinformationen

Kurz zusammengefasst gibt es hier die wichtigsten Informationen für einen Urlaub im Harz. Ein wissenswerter Überblick von A wie Anreise über E wie Ermäßigungen, K wie Klima, S wie Souvenirs bis W wie Wichtige Telefonnummern – alles auf das Wesentliche reduziert.

Anreise mit dem Auto

In der nördlichen Mitte Deutschlands gelegen, ist der Harz mit dem Auto von vielen Ballungsgebieten des Landes gut zu erreichen. Auch wenn keine vierspurige Straße durch den Harz hindurchführt, wird er an seinen Rändern doch von einigen wichtigen Verkehrsachsen tangiert. Am Nordrand führt die vierspurig ausgebaute B6 von Goslar über Wernigerode und Quedlinburg zur A14 zwischen Halle und Magdeburg. Bei Bad Harzburg hat sie Anschluss an die A395, die den Harz mit Braunschweig und der A2 verbindet. Im äußersten Nordwesten wird der Harz bei Seesen von der A7 tangiert, auf der man im Norden nach Hannover und im Süden nach Hessen gelangt. Von Seesen wiederum führt die vierspurig ausgebaute B243 am südwestlichen Gebirgsrand über Osterode nach Bad Lauterberg. Der Südharz hat zwischen Nordhausen und Sangerhausen Anschluss an die A38, die Göttingen mit Leipzig verbindet. Die durchschnittliche Fahrtzeit bis ins zentral gelegene Braunlage beträgt von Braunschweig 0:50 Std., von Magdeburg 1:30 Std., von Halle/Saale 1:40 Std., von Erfurt 1:50 Std. und von Göttingen 1:05 Std.

Anreise mit der Bahn

Der Harz wird ganz mit einem Ring aus Bahngleisen umgeben. Gequert wird das Gebirge dagegen nur von den Dampf- und Diesellok-betriebenen Museumszügen der Harzer Schmalspurbahnen (HSB).
Im Norden fahren Züge auf der Strecke Hannover–Halle/Leipzig zwischen Goslar und Wernigerode am Rand des Harz entlang. In Halberstadt besteht Anschluss an zwei Linien des HarzElbeExpress, die Blankenburg bzw. Quedlinburg und Thale mit Magdeburg verbinden. Goslar und Bad Harzburg sind auch die Endhaltepunkte von Bahnlinien aus Braunschweig.
Die wichtigste Bahnverbindung südlich des Harz führt von Halle über Sangerhausen und Nordhausen nach Kassel. In Nordhausen zweigt eine weitere Strecke ab, auf der man über Bad Sachsa, Bad Lauterburg und Herzberg bis nach Göttingen gelangt. Als Verbindungsstück zwischen Nord- und Südrand dient im Westen die Bahnverbindung von Herzberg nach Braunschweig. Sie führt u. a. über Osterode, Seesen und Salzgitter-Ringelheim, wo Anschluss zur Strecke Hannover–Halle besteht.
Im Osten werden die Nord- und Südrandstrecken zwischen Sandersleben bei Hettstedt und Sangerhausen von den zwischen Magdeburg und Erfurt verkehrenden Zügen verbunden. Ab Klostermansfeld fährt eine weitere Linie durch das Wippertal im östlichen Unterharz bis nach Wippra. Während die Strecken Hannover–Halle/Leipzig, Halle–Kassel und Magdeburg–Erfurt von RegionalExpress-Zügen (RE) bedient werden, kommen auf den anderen Routen Regionalbahnen (RB) oder vergleichbare Züge privater Anbieter zum Einsatz.
Die historischen Züge der HSB verkehren als Harzquerbahn zwischen Wernigerode und Nordhausen, als Selketalbahn zwischen Quedlinburg und der Eisfelder Talmühle bei Ilfeld und als Brockenbahn zwischen Drei Annen Hohne und dem Gipfel des Brocken. Die nächsten Bahnhöfe mit IC- oder ICE-Anschluss befinden sich in Hannover, Hildesheim, Braunschweig, Magdeburg, Halle, Erfurt, Kassel und Göttingen.

Anreise mit dem Flugzeug

Im Harz selbst gibt es keinen Verkehrsflughafen. Wer mit dem Flugzeug anreisen möchte, ist deshalb auf einen Transfer von einem der umliegenden Flughäfen angewiesen. Zu den Flughäfen im Umkreis von 100 km zählen die Flughäfen Hannover, Leipzig-Halle und Erfurt. Während Hannover und Leipzig-Halle über einen eigenen Bahnhof direkt an das Netz der Deutschen Bahn angeschlossen sind, ist der Erfurter Flughafen durch eine Stadtbahnlinie mit dem Hauptbahnhof verbunden. Zwei kleinere Flughäfen ohne nennenswertes Passagieraufkommen befinden sich außerdem in Braunschweig und in Cochstedt bei Aschersleben.

REISEVORBEREITUNG

▶ *Die Bocksbergseilbahn.*

Auskunfts- und Informationsstellen

Viele Orte im Harz haben ihr eigenes Tourismusbüro (siehe unter Serviceinfos in Kapitel IV). Außerdem wird die touristische Vermarktung des Harz von einigen überregionalen Organisationen übernommen. Für das länderübergreifende Destinationsmanagement ist der Harzer Verkehrsverband (HVV) mit Sitz in Goslar zuständig:

Harzer Verkehrsverband e. V.
Marktstraße 45, 38640 Goslar
Tel.: 0 53 21 / 3 40 40
www.harzinfo.de

Da sich der Harz über drei deutsche Bundesländer erstreckt, können auch die offiziellen Tourismusorganisationen von Niedersachsen, Sachsen-Anhalt und Thüringen Auskunft erteilen:

Tourismus Marketing Niedersachsen GmbH
Essener Straße 2, 30173 Hannover
Tel.: 05 11 / 2 70 48 80
www.reiseland-niedersachsen.de

Investitions- und Marketinggesellschaft Sachsen-Anhalt mbH
Am Alten Theater 6
39104 Magdeburg
Tel.: 03 91 / 5 67 70 80
www.sachsen-anhalt-tourismus.de

Thüringer Tourismus GmbH
Willy-Brandt-Platz 1, 99084 Erfurt
Tel.: 03 61 / 3 74 20
www.thueringen-tourismus.de

Barrierefreies Reisen

Damit der Urlaub im Harz auch für Menschen mit Behinderung zu einem erholsamen Erlebnis wird, haben zahlreiche Hotels und Restaurants die Anforderungen der Barrierefreiheit umgesetzt. Auch viele Sehenswürdigkeiten sind problemlos für behinderte Menschen zugänglich. Genauere Informationen hierzu erteilen die lokalen Tourismusbüros, die teilweise außerdem auch Stadtführungen für Behinderte anbieten. Barrierefreiheit besteht im Harz mancherorts sogar im Wald. So gibt es südlich von Wernigerode einen 1,1 km langen Blindenwanderweg mit Beschilderung in Blindenschrift. Zwei eigens für ihre Bedürfnisse angelegte Wanderwege führen Rollstuhlfahrer durch die Landschaft rund um Hahnenklee.

Busverkehr

Während die größeren Orte am Gebirgsrand des Harz an das Schienennetz der Deutschen Bahn angeschlossen sind, sind die meisten Orte im Inneren des Harz über den ÖPNV nur mit dem Bus zu erreichen. Während die Buslinien des Landkreises Goslar im Verbundtarif Region Braunschweig (VRB) organisiert sind, fahren die Busse des Landkreises Osterode im Verkehrsverbund Süd-Niedersachsen (VSN). Im sachsen-anhaltinischen Landkreis Harz sind die Buslinien der vier lokalen Busbetreibergesellschaften in der Verkehrs- und Tarifgemeinschaft Ostharz (VTO) aufeinander abgestimmt. Die Busverkehre der Landkreise Mansfeld-Südharz und Nordhausen sind dagegen nicht als Verkehrsverbund oder Tarifgemeinschaft organisiert. Trotzdem gibt es auch hier flächendeckende Buslinienetze, die von der Verkehrsgesellschaft Südharz (VGS) und den Verkehrsbetrieben Nordhausen betrieben werden. Fahrplaninformationen finden sich im Netz auf den Internetseiten der jeweiligen Organisation: www.vrb-online.de, www.vsninfo.de, www.vgs-suedharzlinie.de und www.bus-verkehr-nordhausen.de. Links zu den vier Busgesellschaften der VTO finden sich hier: www.qbus-ballenstedt.de/Tarifgemeinschaft/t1.htm.

Ermäßigungen

Wie allgemein üblich gibt es in den meisten eintrittspflichtigen Einrichtungen wie etwa Museen Ermäßigungen für bestimmte Per-

FEIERTAGE

Während die meisten Feiertage in allen drei Bundesländern des Harz gleich sind, gibt es einige Tage, die nur in einem oder zwei der Länder gefeiert werden. Diese Tage sind mit den entsprechenden Länderbuchstaben gekennzeichnet (ST – Sachsen-Anhalt, TH – Thüringen):

Neujahr (1. Januar)
Dreikönigstag (ST, 6. Januar)
Karfreitag
Ostermontag
Tag der Arbeit (1. Mai)
Christi Himmelfahrt
Pfingstmontag
Fronleichnam (TH)
Tag der Deutschen Einheit (3. Oktober)
Reformationstag (ST, TH, 31. Oktober)
Weihnachtsfeiertage (25. und 26. Dezember)

REISEVORBEREITUNG

sonengruppen (Schüler, Studenten, Senioren, Behinderte etc.). Eine sehr lohnenswerte Investition ist die HarzCard, nach deren Erwerb man im Geltungszeitraum freien Eintritt zu über 100 Freizeitattraktionen im Harz und seinem näheren Umland hat. Nutzer der Karte kommen während ihres Urlaubsaufenthalts so zu einer durchschnittlichen Ersparnis von 30 bis 40 %. U. a. hat man mit der HarzCard freien Eintritt zum Tierpark Hexentanzplatz in Thale, zum Europa-Rosarium in Sangerhausen, zur Goslarer Kaiserpfalz, zum Wernigeröder Schloss oder zur Iberger Tropfsteinhöhle. Es gibt die HarzCard als 48-Stunden- oder Vier-Tages-Karte. Für Erwachsene kostet sie 23,50 € bzw. 49 € und für Kinder 13,50 € bzw. 29 €. Mehr Informationen gibt es im Internet auf www.harzcard.info.

Internet

www.harzinfo.de – Offizielle Internetpräsenz des Harzer Verkehrsverbands e. V. mit vielen praktischen Informationen (s. a. Auskunfts- und Informationsstellen).
www.nationalpark-harz.de – Offizielle Internetpräsenz des Nationalparks Harz.
www.harzregion.de – Website des Regionalverbands der fünf Harzer Landkreise mit Informationen über den Naturpark Harz und Geotope in der Region.
www.harzlife.de – Wissenswertes über zahlreiche Sehenswürdigkeiten des Harz.
www.harz-online.de – Touristische Pauschal- und Individualangebote für den Harz.
www.outdooractive.com – Auf der Harzseite des Tourenportals finden sich zahlreiche schöne Wanderun-

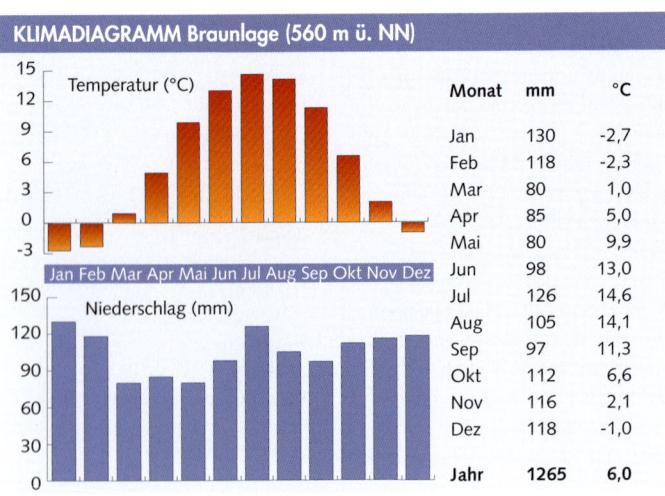

KLIMADIAGRAMM Braunlage (560 m ü. NN)

Monat	mm	°C
Jan	130	-2,7
Feb	118	-2,3
Mar	80	1,0
Apr	85	5,0
Mai	80	9,9
Jun	98	13,0
Jul	126	14,6
Aug	105	14,1
Sep	97	11,3
Okt	112	6,6
Nov	116	2,1
Dez	118	-1,0
Jahr	**1265**	**6,0**

gen, Rad- und MTB-Touren durch den Harz.
www.harzklub.de – Informationen zu den Wanderwegen und Aktivitäten des Harzklubs.
www.volksbankarenaharz.de – Website des 1.800 km langen Oberharzer MTB-Netzes.

Klima & Reisezeit

Das Klima des Harz ist zweigeteilt in Ost und West. Während die vorherrschenden Westwinde dem Oberharz sehr viel feuchte Atlantikluft bescheren, die dort im Jahresmittel zu hohen Niederschlagsmengen führt, ist der im Regenschatten von Brocken und Hochharz liegende Unterharz wesentlich trockener (s. a. Kapitel III. Natur & Umwelt). Die beliebteste Reisezeit im Harz sind die Sommermonate Juni bis September, wenn zahlreiche Besucher den schönen Altstädten der Harzer Orte eine erfrischende Lebendigkeit verleihen. Bei Wanderern sind neben den Sommermonaten auch der Frühling und der Herbst sehr beliebt. Während die Natur im April und Mai nach den Entbehrungen des Winters erstmals wieder aufblüht, strahlen die herbstlich bunten Wälder im Oktober eine ganz besondere Atmosphäre aus. Wer den Brocken zu Fuß erklimmen will, sollte damit jedoch nicht allzu lange warten, denn bereits ab Oktober kann es auf dem Gipfel schneien. Im Winter locken die verschneiten Hochlagen des Hochharz mit ihren Pisten und Loipen

▶ Durch den Harz führen gut ausgeschilderte Wanderwege.

auch zahlreiche Wintersportler in den Harz. Als Zentrum des Harzer Wintersports gilt Braunlage.

Souvenirs

Typische Andenken an den Harz sind Hexen in allen Variationen. Die Bandbreite reicht vom Schlüsselanhänger über Mobiles bis hin zu Kartenspielen. Beliebte Mitbringsel sind auch Kräuterschnäpse und -tees sowie Bücher und Kalender der Harzer Schmalspurbahn. In den größeren Orten gibt es meist mehrere Souvenir- oder Spezialitätenläden. Auch einige Tourismusbüros verkaufen Andenken.

Wichtige Telefonnummern

Notruf: 1 12
Polizei: 1 10
Giftnotruf: 02 28 / 1 92 40
Bergwacht: 0 53 21 / 3 70 00 (Goslar), 0 39 43 / 55 34 60 (Wernigerode) oder
0 39 46 / 7 70 00 (Quedlinburg)

LAND & LEUTE

Geschichte
Von Kaisern und Bergmännern

In vorchristlicher Zeit huldigten die Germanen an mystischen Plätzen wie dem Hexentanzplatz bei Thale ihren Göttern. Jahrhunderte später war der Nordharz bevorzugter Aufenthaltsort der deutschen Könige und Kaiser. Den vorläufigen Höhepunkt seiner wechselvollen Geschichte erlebte der Harz 1990 mit der Wiedervereinigung seiner Ost- und Westhälfte.

100.000 bis 5.000 v. Chr.
Während der Altsteinzeit wird das Harzvorland von Jägern und Sammlern bevölkert.

5.000 bis 2.000 v. Chr.
Die Einführung des Ackerbaus und der Viehzucht führen in der Jungsteinzeit zur Entwicklung einer sesshaften Bauernkultur im Harzvorland.

Um Christi Geburt
Germanische Stämme bewohnen die Harzregion. Die Römer versuchen erfolglos ihr Reich bis an die Elbe auszudehnen.

5. Jh. n. Chr.
Der Harz ist Teil des Thüringerreichs, das von der Elbe bis an die Donau reicht.

531
Die Thüringer werden von den vereinigten Franken und Sachsen besiegt, ihr Reich unter den beiden Siegern aufgeteilt.

772 bis 804
Karl der Große unterwirft die Sachsen und gliedert ihr Land ins Fränkische Reich ein. Mit den Franken kommt der christliche Glaube in den Harz.

GESCHICHTE

Ab 968
Reiche Silberfunde am Rammelsberg bei Goslar markieren den Beginn des intensiven Bergbaus im Harz, in dessen Folge die Region eine Epoche des kulturellen Reichtums erlebt.

1002
Unter Heinrich II. entsteht in Goslar die Kaiserpfalz, in der bis 1219 23 Reichstage stattfinden.

Ab dem 16. Jh.
Nach seinem Niedergang im 14. Jh. erlebt der Bergbau eine neue Blüte.

1618 bis 1648
Im Dreißigjährigen Krieg verliert der Harz über die Hälfte seiner Einwohner.

1807 bis 1813
Mit Ausnahme der zu Anhalt gehörenden Gebiete wird der Harz Teil des von Napoleon Bonaparte gegründeten Königreichs Westphalen.

1815
Auf dem Wiener Kongress wird der Harz auf die Königreiche Preußen und Hannover sowie die Herzogtümer Braunschweig und Anhalt-Bernburg aufgeteilt.

1892
Neun Jahre nach Einführung des Wintersports gründet der Oberförster Arthur Ulrichs in Braunlage Deutschlands ersten Skiverein.

1943 bis 1945
Während des Zweiten Weltkriegs richten die Nationalsozialisten nordwestlich von Nordhausen das Konzentrationslager Mittelbau-Dora ein. Über ein Viertel der 60.000 Zwangsarbeiter, die hier interniert werden, kommt zu Tode.

1945 bis 1990
Nach Kriegsende verläuft die Grenze zwischen den beiden neu gegründeten deutschen Staaten mitten durch den Harz.

1989
Am 9. November öffnet die DDR ihre Grenzen zur Bundesrepublik.

1990
Sachsen-Anhalt und Thüringen treten als zwei von insgesamt fünf neu gegründeten Bundesländern der Bundesrepublik bei.

1992
Nach über 1.000 Jahren Bergbau im Harz wird in Bad Grund das letzte Bergwerk stillgelegt.

2006
Der 1990 gegründete Nationalpark Hochharz in Sachsen-Anhalt und der 1994 gegründete Nationalpark Harz in Niedersachsen werden zum 247 km² großen Nationalpark Harz vereint.

2010
Die Oberharzer Wasserwirtschaft wird Weltkulturerbe.

LAND & LEUTE

Kunst & Kultur
Bergbau, Architektur und Mythen

Über Jahrhunderte hinweg war der Harz vor allem vom Bergbau geprägt. Dementsprechend reich ist das kulturelle Erbe der Bergleute, die als kauzige Zwerge auch Eingang in die Welt der Märchen und Sagen hatten. Architektonisch ist vor allem der Nordharz mit seinen zahlreichen romanischen Baudenkmälern aus ottonischer Zeit sehr interessant.

1.000 Jahre Bergbau

Als 1992 in der Grube „Hilfe Gottes" in Bad Grund die Arbeit eingestellt wurde, bedeutete dies das Ende der über tausendjährigen Geschichte des Bergbaus im Harz. Seit im Jahr 968 unter Otto I. am Goslarer Rammelsberg der systematische Abbau von Erzen begonnen hatte, war der Harz über viele Jahrhunderte hinweg eines der wichtigsten Bergbaugebiete Europas gewesen. Wie in späterer Zeit auch in anderen florierenden Montanregionen, wurden im Harz aufgrund eines Mangels an qualifizierten Arbeitskräften Bergarbeiter von außerhalb angeworben. Die Nachfahren dieser Arbeiter, die vor allem aus dem ebenfalls sehr metallreichen Erzgebirge kamen, bilden im Oberharz noch heute eine erzgebirgische Sprachinsel inmitten niedersächsischer und thüringischer Dialekte. Als Erinnerung an die glorreichen Zeiten von Silber, Eisen und Kupfer wurden viele der stillgelegten Harzer Stollen und Gruben in Besucherbergwerke umgewandelt. Gemeinsam mit Museen, in denen Werkzeuge, Maschinen und andere Gegenstände aus dem Alltag der Bergleute ausgestellt werden, vermitteln sie Besuchern ein Bild vom Leben vieler Generationen von Harzern. Mit dem Bergwerk Rammelsberg und dem hochkomplexen System des Oberharzer Wasserregals gehören zwei bedeutende Denkmäler der Montankultur zum UNESCO-Weltkulturerbe.

Zentrum der Romanik

Davon, dass sich das kulturelle Zentrum des Heiligen Römischen Reichs im Hochmittelalter im Harz befand, zeugen die zahlreichen profanen und sakralen Bauwerke im Stil der Romanik. Abgesehen vom Rheinland ist keine andere Region Deutschlands so reich an Baudenkmälern aus dieser Epoche wie der Harz. Besonders zur Zeit der sächsischen Königs- und Kaiserdynastie der Ottonen (912–1024) entstand eine Vielzahl von Meisterwerken der romanischen Baukunst. Zu den bedeutendsten zählen die Kaiserpfalz in Goslar, die Stiftskirche St. Servatius in Quedlinburg und die Stiftskirche St. Cyriakus in Gernrode, die beide an der Straße der Romanik liegen.

Bilderbuchfachwerk

Typisch für viele Orte im Harz sind ihre malerischen Stadtkerne voller uriger Fachwerkhäuser. Städte wie Goslar, Wernigerode, Quedlinburg oder Stolberg sind Jahr für Jahr das Ziel zahlreicher Besucher, die sich inmitten der geschlossen aus Fachwerk bestehenden Innenstädte in eine längst vergangene Zeit zurückversetzt fühlen. Während einige Gebäude wie der Ständerbau in Quedlinburg oder das Alte Bürgerhaus in Stolberg bereits im Mittelalter errichtet wurden, stammt die große Mehrzahl der Bauten aus dem 16. bis 18. Jh. Nicht allen Fachwerkhäusern sieht man ihre Bauweise an, wie etwa dem Alten Rathaus von Osterode, das von außen mit Schiefer verkleidet ist. Eines der größten und gleichzeitig schönsten Fachwerkgebäude des Harz ist das Herzberger Schloss.

Kultort der Hexen

Wohl kaum eine andere Region in Deutschland ist so reich an Märchen und Sagen wie der Harz. So stammt auch das Symbol für den Harz schlechthin, die Hexe, aus der Welt der Märchen. Der Legende zufolge treffen sich die Hexen in der Walpurgisnacht an mythischen Orten wie dem von Goethe zum Blocksberg ernannten Brocken oder dem Hexentanzplatz bei Thale, um gemeinsam ihre obskuren Opferrituale durchzuführen. Wahrscheinlich geht die Hexenlegende auf die heidnischen Germanen zurück, bei denen Priesterinnen und Wahrsagerinnen hoch angesehene Frauen waren. Auch nach der Christianisierung der Germanen wurden die alten Kulte im Verborgenen weiterhin gepflegt. Der katholischen Kirche war dies ein Dorn im Auge, weshalb die Kirchenfürsten die Bewahrerinnen der alten Religion im Mittelalter kurzerhand zu mit dem Teufel paktierenden Hexen erklärten.

LAND & LEUTE

Feste & Feiern
Hexen, Rinder und Jodler

Unterschiedliche Anlässe bieten den Harzern Grund zum Feiern. Während der Viehaustrieb in Wildemann oder der Harzer Jodlerwettstreit Vergleiche mit dem äußersten Süden der Republik herausfordern, sind die ausgelassenen Walpurgisnachtfeiern, die jedes Jahr in zahlreichen Orten begangen werden, wohl ziemlich einzigartig.

Walpurgisnacht

Auf das Engste mit der Mythen- und Sagenwelt des Harz verbunden ist die Walpurgisnacht. So besagt die Legende, dass sich in der Nacht vom 30. April auf den 1. Mai an vielen Orten des Harz – etwa auf dem Brocken oder dem Hexentanzplatz bei Thale – Hexen treffen, um dort ihre geheimnisvollen Feste zu feiern. Aus diesem Grund finden am 30. April im ganzen Harz zahlreiche Walpurgisnachtsfeiern mit großen Maifeuern statt. Viele Menschen verkleiden sich als Hexen, Teufel oder andere Dämonen und tanzen und feiern zu lauter Musik in den Mai hinein. Zu den größten Walpurgisnachtfeiern des Harz zählen die auf dem Thaler Hexentanzplatz und in Schierke.

Sehusafest

Alljährlich findet Anfang September in der Altstadt von Seesen mit dem Sehusafest ein einmaliges Spektakel statt. Über 1.000 stilecht verkleidete Bürger sorgen auf Norddeutschlands größtem Mittelalterfest dafür, dass die Stadt zurück in die Zeit von Rittern und Burgfräulein versetzt wird. Regelmäßig zieht das Fest zehntausende Schaulustige aus nah und fern an. Neben zahlreichen

FESTE & FEIERN

Handwerksständen, typisch mittelalterlichen Speisen und Getränken gibt es ein breites Unterhaltungsprogramm mit Musik, Feuershows, nachgestellten Ritterschlachten und vielem mehr.

Viehaustrieb Wildemann

Dass die kleine Oberharzer Bergstadt Wildemann auch als „Klein Tirol" bezeichnet wird, hat einerseits mit ihrer idyllischen Lage im tief eingeschnittenen Innerstetal zu tun, andererseits mit dem alpin anmutenden Austrieb des Harzer Roten Höhenviehs zu den saftigen Weiden rund um den Ort. Wie vielerorts in den Alpen üblich, werden die Tiere auch in Wildemann geschmückt und von den Hirten in einem großen Umzug durch den Ort getrieben. Zur Feier des Tages treten Musikgruppen auf und es gibt jede Menge kulinarische Angebote.

Harzer Jodlerwettstreit

Auch das Jodeln verbinden die meisten Menschen eher mit dem Alpenraum. Doch auch im Harz erfreut sich der unverkennbare Gesang großer Beliebtheit. Am ersten Sonntag im September messen sich in der Waldbühne Altenbrak alljährlich die besten Harzer Jodler vor rund 1.300 Zuschauern. Die typischerweise in Harzer Tracht gekleideten Teilnehmer treten in verschiedenen Altersgruppen gegeneinander an. Wer die meisten Punkte bekommt, ist neuer Harzer Jodlermeister.

FESTE IM JAHRESKREIS

Januar
- Continental-Cup Skispringen an der Wurmbergschanze in Braunlage
- Schlittenhunderennen in Benneckenstein, Hasselfelde und Friedrichsbrunn

Februar
- Schlittenhunderennen in Clausthal-Zellerfeld und Tanne
- Winterfest am Josephskreuz auf dem Großen Auerberg bei Stolberg

März/April
- Osterfeuer auf Anhöhen und Freiflächen im ganzen Harz
- Walpurgisnacht mit Festen in vielen Harzer Orten (Nacht vom 30. April zum 1.Mai)

Mai/Juni
- Viehaustrieb in Wildemann
- Mittelaltermarkt Kaiserfrühling in Quedlinburg
- Finkenmanöver am Pfingstmontag in vielen Harzer Orten, Wettsingen von Buchfinken
- Rosenfest Sangerhausen
- Wiesenblütenfest Sankt Andreasberg

Juli/August
- Brauchtumsfest Harzfest an jährlich wechselnden Standorten
- Wernigeröder Schlossfestspiele
- Salz- und Lichterfest in Bad Harzburg
- Köhlerfeste in Hasselfelde und Braunlage
- Internationales Musikfest Goslar

September
- Harzer Jodlerwettstreit in Altenbrak
- Sehusafest in der Altstadt von Seesen
- Altstadtfest in Goslar

Oktober
- Burgfest auf der Burg Falkenstein

Dezember
- Weihnachtsmärkte in vielen Harzer Orten

LAND & LEUTE

Natur & Umwelt
Geologie, Klima, Flora, Fauna

Aus dem All betrachtet, präsentiert sich der Harz als eine riesige grüne Insel in der Mitte Deutschlands. Bis auf wenige Flächen in der Nähe von Siedlungsgebieten wird er nach Jahrhunderten der Abholzung heute wieder zum Großteil von dichtem Wald bedeckt. Besonders der Nationalpark im höchsten Teil des Gebirges ist der Lebensraum zahlreicher Tierarten.

Meer, Magma und Eis

Wie viele andere Mittelgebirge in Deutschland entstand auch der Harz vor ca. 320 Mio. Jahren als variszisches Faltengebirge während des Karbon. Vor der Auffaltung lag das Gebiet, auf dem sich das Gebirge heute ausbreitet, auf dem Meeresgrund. In der Kreidezeit wurde es durch plattentektonische Verschiebungen abermals angehoben. Im Norden kam es dabei zu einem jähen Abbruch der Gesteinsscholle, sodass diese teilweise auf die nördliche Gesteinsschicht hinaufgeschoben wurde. Die unteren Schichten stellten sich dadurch

▶ *Beeindruckende Felsformationen.*

an manchen Stellen fast senkrecht, was man heute noch sehr gut an der auf diese Weise entstandenen Teufelsmauer zwischen Thale und Blankenburg sehen kann. Unter der Erdkruste stieg währenddessen heißes Magma nach oben, das im Südharz in vulkanischen Eruptionen auch die Oberfläche erreichte. Dort, wo es nicht zum Ausbruch kam, erkaltete das Magma langsam und setzte unter der Erde große Mengen an Mineralien ab. Unter anderem entstanden so die großen Silber-, Eisen- und Kupfervorräte, die später von den Menschen im Harz abgebaut wurden. In den Eiszeiten der geologisch jüngeren Vergangenheit wurde das Gebirge teilweise immer wieder von dicken Gletschern bedeckt, die ihm seine rund geschliffene Form gaben.

Klima

Klimatisch wird der Harz wie die meisten Regionen in Deutschland von den vorherrschenden Westwinden bestimmt. Diese bringen, von der Nordsee und vom Atlantik her kommend, meist feuchte Luft mit sich, die vor allem am westlichen Gebirgsrand sowie im Oberharz häufig zu ergiebigen Niederschlägen führen. Als Wetterscheide fungiert der Hochharz und hier insbesondere der Brocken, östlich dessen die jährliche Niederschlagsmenge deutlich geringer ist. So verzeichnet Wernigerode im Regenschatten des Brocken mit rund 530 mm Niederschlag pro Jahr 300 mm weniger als Osterode (830 mm) und sogar fast 800 mm weniger als Clausthal-Zellerfeld (1.320 mm). Der niederschlagsreichste Ort des gesamten Harz ist allerdings der 1.141 m hohe Gipfel des Brockens selbst. Im langjährigen Jahresmittel fallen hier über 1.700 mm Wasser vom Himmel. Gleichzeitig ist der Brockengipfel, dessen raues Klima oberhalb der Baumgrenze als subalpin bezeichnet wird, der kälteste Ort im Harz. Selbst wenn in Wernigerode, Ilsenburg oder Bad Harzburg zu seinen Füßen im Hochsommer Temperaturen über 30 °C erreicht werden, weht hier oben immer noch ein kühles Lüftchen, häufig fällt im Oktober bereits der erste Schnee. Wie überall gilt natürlich auch für den Harz, dass die Temperatur in den höheren Lagen generell niedriger ist als in den Senken, weshalb die Gebirgsränder die höchsten Temperaturen verzeichnen.

Fichtenwälder und bunte Blumen

Vor der Besiedlung des Harz durch den Menschen bestanden die dichten Wälder des Mittelgebirges vor allem aus Laubbäumen. Die vorherrschenden Arten waren Rotbuche, Bergahorn und Esche. Wer den Harz heute bereist, dem präsentiert sich ein ganz anderes Bild. Vor allem im Norden und Westen, aber auch in den anderen Regionen dominiert seit dem 17. Jh. die Fichte. Ursprünglich

LAND & LEUTE

nur in Höhen über 800 m ü. NN anzutreffen, wurde sie damals nach der weitgehenden Abholzung des Harz als schnell nachwachsender Baum zu Zwecken der Wiederaufforstung verwendet. Bedingt durch den intensiven Bergbau im Harz war der Holzbedarf enorm. So eignete sich das gerade Fichtenholz nicht nur zur Befestigung von Bergwerken, sondern auch zur Herstellung von Holzkohle für die Erzverhüttung. Laubwälder gibt es deshalb heutzutage nur an wenigen Stellen des Harz, wie etwa im Elendstal zwischen Schierke und Elend und an den niedriger gelegenen Gebirgsrändern. Da Laub- und Mischwälder jedoch deutlich bessere Lebensbedingungen für Fauna und Flora bieten als Nadelwälder, setzen die Förster in jüngster Zeit wieder auf die verstärkte Anpflanzung von Laubbäumen. Während Bäume zu den mächtigsten Vertretern der Harzer Pflanzenwelt gehören, sieht man kleinere Pflanzenarten oft erst auf den zweiten Blick. Zu ihrer jeweiligen Blütezeit verwandeln sich einige von ihnen jedoch zu farbenprächtigen Schönheiten. Nachdem die Wiesen auf den Hochflächen im Frühjahr zu einem Meer aus Trollblumen und Orchideen werden, trifft man im Sommer auch auf zahlreiche Liliengewächse. Die seltene gelbe Arnika gedeiht vor allem in trockenen Lagen. Im Westharz findet sich an vielen Waldlichtungen roter Fingerhut, wohingegen der gelbe Fingerhut den trockeneren Ostharz bevorzugt.

Im Reich des Luchs

Die Tierwelt des Harz reicht von großen Säugern wie dem Rothirsch über Greifvögel bis hin zu Fledermäusen. Während Reh und Rotwild schon seit Langem im Harz zu Hause sind, ist das Mufflon erst in der Neuzeit hier angesiedelt worden. Genauso wie das Wildschwein meidet das ursprünglich aus Südeuropa stammende Wildschaf die höheren Lagen und ist deshalb nur in den Randgebieten und im niedrigeren Unterharz anzutreffen. Ein weiterer „Einwanderer" ist der Waschbär, der einst wegen seines Pelzes aus Nordamerika eingeführt wurde. Die Nachkommen einiger Exemplare, denen die Flucht aus den Pelztierfarmen gelang, zählen heute neben Füchsen, Mardern, Iltissen und Wildkatzen zu den Raubtieren des

▶ Mit etwas Glück sieht man im Harz auch Luchse.

Harz. Der größte Räuber des Mittelgebirges ist der Luchs. Wie auch Wolf und Bär war er durch intensive Bejagung bereits Anfang des 19. Jh. aus dem Harz verschwunden. Durch eine erfolgreiche Auswilderung Ende des 20. Jh. geht der stille Räuber heute in den Harzer Wäldern wieder auf Beutefang. Zu den Greifvogelarten des Harz zählen u. a. der Bussard, der Habicht, der Rotmilan, der Fischadler sowie verschiedene Eulenarten. Als akut gefährdet gilt der Bestand des Auerhuhns, das vor allem in den abgelegenen Gebieten des Hochharz lebt. Mit seinen zahlreichen Höhlen und stillgelegten Bergwerkstollen ist der Harz auch Heimat großer Fledermauskolonien.

▶ *Moorquelle im Nationalpark Harz.*

Naturparks und -schutzgebiete

Nachdem die Menschen in der Vergangenheit über viele Jahrhunderte hinweg wenig zimperlich mit den natürlichen Ressourcen des Harz umgegangen sind, ist die dünn besiedelte Wald- und Gebirgslandschaft heute ein großflächiges Rückzugsgebiet für Pflanzen und Tiere. Bis auf ein paar kleinere Randgebiete ist der komplette Harz von Seesen im Westen bis nach Mansfeld im Osten als Naturpark ausgewiesen. Den Kern des Naturparks nimmt der Nationalpark Harz ein, der mit einer Fläche von 247 km² rund zehn Prozent des Harz bedeckt. Seit er 2006 durch die Vereinigung der beiden Nationalparks Harz und Hochharz entstand, erstreckt er sich auf beiden Seiten der niedersächsisch-sachsen-anhaltinischen Grenze von Bad Harzburg und Ilsenburg im Norden bis nach Herzberg und an den Oderstausee im Süden. Zu den wenigen nicht von Bäumen bestandenen Stellen des zu 95 Prozent von Wald bedeckten Areals zählt der kahle Gipfel des Brocken. Da er zu Zeiten des Kalten Krieges militärisches Sperrgebiet war, konnten sich Flora und Fauna hier jahrzehntelang ungestört entfalten. Europaweit einzigartig sind insbesondere die vollkommen unberührten Hochmoore rund um den 1.141 m ü. NN hohen Berg. Ziel des Nationalparks ist es, den Wald wieder in seinen Urzustand zurückzuversetzen. Erreicht werden soll dies vor allem durch eine Ausdünnung der bislang dominierenden Fichtenmonokultur und die Anpflanzung von Laubbäumen.

IV UNTERWEGS IM HARZ

Nordrand
Auf den Spuren von Kaisern und Königen

Während es im eigentlichen Gebirge des Harz kaum größere Orte gibt, schmiegt sich an seinem Nordrand eine Stadt an die andere. Die meisten von ihnen stammen aus dem Hochmittelalter, als das nördliche Harzvorland das politische Zentrum des Heiligen Römischen Reichs war. Heute locken die prächtigen Fachwerkstädte jährlich zahlreiche Gäste an.

▶ SEESEN

20.500 Einwohner (S. 186, B2)

Im äußersten Nordwesten des Harz liegt die hübsche Kleinstadt Seesen. Am Kreuzungspunkt mehrerer Handelswege gegründet, wurde Sehusa, wie der Name der Stadt im Mittelalter lautete, von Kaiser Otto II. im Jahre 974 zum ersten Mal urkundlich erwähnt.
Während sich der Ort seit 1428 mit den Stadtrechten schmücken darf, steht die Burg Sehusa im Herzen der Stadt mindestens seit 1282. Das Ende des 16. Jh. im Stile der Renaissance umgebaute Bauwerk beherbergt heute das Amtsgericht, weshalb sein Inneres nicht für touristische Besichtigungen geöffnet ist. Trotzdem steht die Burg mit dem **Sehusafest** alljährlich im Mittelpunkt einer der größten Veranstaltungen Seesens. Das Fest, das als größtes Mittelalterfest Norddeutschlands gilt, lockt jedes erste Septemberwochenende zahlreiche Schaulustige in die Altstadt rund um die Burg. Zu sehen gibt es nicht nur Ritter, Knappen und Burgfräulein, sondern auch mittelalterliches Kunsthandwerk, Musik, Schauspiel und ein Ritterturnier (weitere Infos unter www.sehusafest.de). Einer der berühmtesten Seesener war der

NORDRAND IV

Klavierbauer Heinrich Engelhard Steinweg. Nachdem er 1830 in Seesen sein erstes Klavier gebaut hatte, emigrierte er 1850 nach Nordamerika, wo er unter seinem neuen Namen Steinway gemeinsam mit seinem Sohn die weltbekannte Firma Steinway & Sons gründete. Eine Dauerausstellung über die Familie Steinweg kann man im **Städtischen Museum** besichtigen, in dem außerdem zahlreiche Exponate aus der Stadtgeschichte und Wissenswertes über die Konservendose gezeigt werden. Letztere verbreitete sich ab 1830 von Seesen aus in ganz Deutschland (Wilhelmsplatz 4, Tel.: 0 53 81 / 4 88 91, www.museum-seesen.de, Di–Fr 11–17 Uhr, Sa–So 14–17 Uhr).

ESSEN & TRINKEN

Harzer Küche und mehr

Hotel-Restaurant Wilhelmsbad
Frankfurter Straße 10, Seesen
Tel.: 0 53 81 / 10 35
www.hotel-wilhelmsbad.de
In der Küche des Restaurants werden sowohl internationale Gerichte als auch regionale Spezialitäten zubereitet. So Ruhetag.

Mit Biergarten

Steinway
Hinter der Kirche 9, Seesen
Tel.: 0 53 81 / 4 91 09 41
www.steinway-seesen.de
Gemütliche Bier- und Weinstube in einem alten Fachwerkhaus. Alpenländische und niedersächsische Gerichte. Mo Ruhetag.

SPORT & FREIZEIT
Sehusa Wasserwelt
Engelader Straße 3, Seesen
Tel.: 0 53 81 / 98 07 280
www.sehusa-wasserwelt.de
Mo–Mi und Fr 9–22 Uhr, Do 7:30–22 Uhr, Sa 8–21 Uhr, So 8–20 Uhr. Erwachsene ab 3 €, Jugendliche (ab 6 Jahren) ab 2,50 €. In der Sehusa Wasserwelt kann man nicht nur schwimmen und baden, sondern in einem 32 °C warmen Thermalbad oder der Sauna-Landschaft auch wunderbar entspannen.

SERVICEINFO
Tourist-Information Seesen
Marktstraße 1, 38723 Seesen
Tel.: 0 53 81 / 7 52 43
www.stadtverwaltung-seesen.de

▶ GOSLAR
41.000 Einwohner   (S. 186, C1)

Die prächtige Kaiserstadt Goslar ist mit 41.000 Einwohnern nicht nur die größte Stadt des Nordharz, sondern mit ihrer malerischen Altstadt und dem ehemaligen Erzbergwerk Rammelsberg, die beide seit 1992 Teil des UNESCO-Weltkulturerbes sind, auch einer der größten Besuchermagneten der Region. Das **Museum & Besucherbergwerk Rammelsberg** vermittelt einen Einblick in die Geschichte und Kultur des ehemaligen Bergbaus. Verschiedene Ausstellungen informieren über die Geologie in der Region und den vom Bergbau geprägten Alltag. Im Rahmen einer Führung können auch die alten Stollen und Gruben des Bergwerks

IV UNTERWEGS IM HARZ

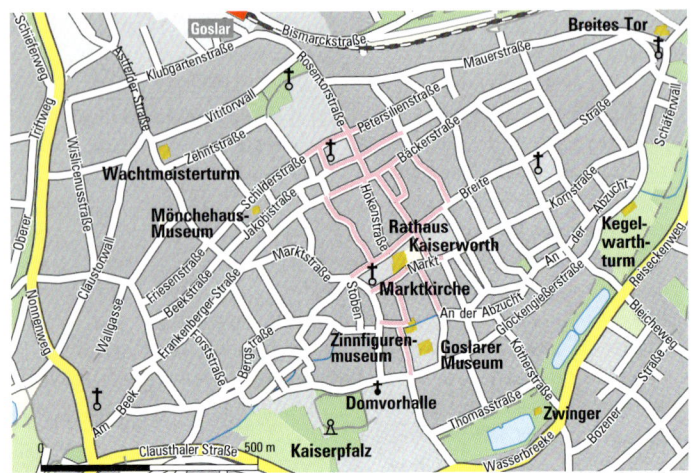

▶ Goslar.

besichtigt werden (Bergtal 19, Tel.: 0 53 21 / 75 00, www.rammelsberg.de, tgl. 9–18 Uhr, Tageskarte Museum Erwachsene 6,50 €, Kinder bis 16 Jahre 4 €, unterschiedliche Führungen über und unter Tage). Geschichtlich sind Stadt und Bergwerk eng miteinander verbunden, waren doch die üppigen Metallvorkommen des Rammelsbergs und anderer Oberharzer Erzgruben das Fundament, auf dem der Reichtum der Stadt im Mittelalter gründete. Wahrscheinlich gehen die Wurzeln des Bergbaus am Rammelsberg bis in die Bronzezeit zurück, seine Blütezeit erlebte er jedoch erst ab dem 10. Jh. Nachdem Goslar im Jahre 922 erstmals urkundlich erwähnt worden war, rückte es mit der Entdeckung reicher Kupfer- und Silbervorkommen schnell in den Fokus kaiserlichen Interesses.

Kaiserliche Baukunst

Kaiser Heinrich II. ließ Anfang des 11. Jh. südlich der Altstadt eine Kaiserpfalz errichten, die sich in der Folge zu einem der beliebtesten Aufenthaltsorte deutscher Kaiser des Mittelalters entwickelte. So hielten sich die ständig umherreisenden Monarchen bis 1219 nicht nur über 100 Mal in Goslar auf, sondern richteten hier auch 23 Reichstage aus. Die mächtige **Kaiserpfalz** gilt heute als größtes profanes Bauwerk der Romanik in Deutschland. Neben dem mächtigen Kaiserhaus gehören auch das Kollegialstift „St. Simon und Judas", die Liebfrauenkirche und die Kapelle „St. Ulrich" zu dem Gebäudeensemble (Kaiserbleek 6, Tel.: 0 53 21 / 3 11 96 93, April–Okt. tgl. 10–17 Uhr, Nov.–März tgl. 10–16 Uhr, Erw. 4,50 €, Kinder 2,50 €).

Altstadtrundgang

Neben den Kaisern hatte mit der Kirche auch die zweite politische Großmacht des Mittelalters großes Interesse an den Schätzen Goslars. Dies zeigt sich heute u. a. an den fünf großen Kirchen der Altstadt, die mit dazu beigetragen haben, dass Goslar auch als „Nordisches Rom" bezeichnet wird. Bis 1822 stand in unmittelbarer Nachbarschaft zur Kaiserpfalz der romanisch-gotische Goslarer Dom. Nach seinem Abriss wegen Baufälligkeit blieb nur die Vorhalle erhalten, deren Fassade mit Stuckreliefen der Jungfrau Maria, der drei Kirchenpatrone Simon, Matthias und Judas sowie der Kaiser Heinrich III. und wahrscheinlich Konrad II. geschmückt ist. Zeugnis dafür, dass auch die Bürger Goslars am Reichtum teilhaben durften, sind nicht nur der Beitritt Goslars zur Hanse im Jahr 1267 und die Erhebung zur freien Reichsstadt im Jahr 1340, sondern vor allem die zahlreichen prächtigen Stadthäuser. Während die meisten Straßen der Altstadt von zum Teil kunstvoll verzierten Fachwerkhäusern aus der frühen Neuzeit gesäumt werden, stammt das gotische **Rathaus** am Marktplatz aus dem Spätmittelalter (1450). Sehenswert ist hier vor allem der prunkvolle **Huldigungssaal** mit seinen großartigen Maler- und Schnitzarbeiten im Inneren des Gebäudes (April–Okt. sowie Ende Nov.–31. Dez. Mo bis Fr 11–15 Uhr, Wochenende und an Feiertagen 10–16 Uhr, Erwachsene 3,50 €, Kinder 1,50 €).

Ein weiterer Höhepunkt bürgerlicher Pracht ist die in direkter Nachbarschaft zum Rathaus stehende **Kaiserworth**, die 1495 als Gildehaus der Gewandschneider errichtet wurde. Heute befinden sich in dem schiefergedeckten Gebäude, das

▶ *Die Kaiserpfalz.*

IV UNTERWEGS IM HARZ

von acht hölzernen Kaiserstatuen aus dem 17. Jh. geschmückt wird, ein Hotel und ein Restaurant. Etwas versteckt hinter dem Rathaus ragt die imposante **Marktkirche St. Cosmas und Damian** auf, die im Jahr 1151 erstmals urkundlich erwähnt wurde. Im Inneren finden sich sehenswerte Kostbarkeiten wie das bronzene Taufbecken, der Schnitzaltar und spätgotische Wandmalereien. Nur wenige Meter entfernt erwacht das **Glocken- und Figurenspiel** vier Mal täglich zum Leben. Zur Melodie des „Steigerlieds" spielen bunte Figuren die Geschichte des Bergbaus und der Stadtentwicklung nach.

Gegenüber der Marktkirche fasziniert das aus dem 16. Jh. stammende Fachwerkhaus „Brusttuch". Hinter der schönen Fassade, die durch meisterhafte Schnitzereien, Figuren und Fabelwesen verziert ist, verbirgt sich ein Hotel. Neben dem „Breiten Tor", einem beeindruckenden Stadttor, stellt der **Zwinger** ein imposantes Überbleibsel der ehemaligen mittelalterlichen Stadtbefestigung dar. Der Zwinger beherbergt zudem ein Museum, das Rüstzeug, Folter- und Kriegsgeräte des späten Mittelalters zeigt (Thomasstraße 2, Tel.: 0 53 21 / 4 31 40, www.zwinger.de, März bis Okt. tgl. außer Mo 11–16 Uhr, 25. Dez.–10. Jan. täglich 10–15 Uhr, Erwachsene 2,50 €, Kinder/Jugendliche bis 16 Jahre 2 €).

Eine bequeme Möglichkeit, die historische Altstadt kennenzulernen, ist eine Fahrt mit der **Goslarer Bimmelbahn** (April–Okt.). Die Rundfahrt beginnt am Rathaus und dauert etwa 35 Minuten (Tel.: 0 53 21 / 68 64 65, www.goslarer-bimmelbahn.de, Erwachsene 5 €, Kinder 4–12 Jahre 2,50 €, Abfahrt stündlich).

Die romantischere Alternative eines Rundgangs ist eine Fahrt mit der Pferdekutsche, in die man vor der Butterhanne am Marktkirchhof einsteigen kann.

▶ *Blick über die Goslarer Altstadt.*

NORDRAND IV

GOSLARER MÄRKTE

Befindet man sich zur Vorweihnachtszeit in Goslar, hat man das besondere Glück, einen der schönsten Weihnachtsmärkte Norddeutschlands besuchen zu können. Ein **Weihnachtswald**, bestehend aus 40 hohen Fichten, und zahlreiche Gastronomie- und Kunsthandwerkerstände, verbunden mit vorweihnachtlichem Glanz und Duft, verwandeln die Altstadt in eine prachtvolle Kulisse.

Der **Historische Kaisermarkt** bildet ein weiteres Großereignis im Goslarer Kalender. In der Regel findet er am zweiten Oktoberwochenende statt. Krämer, Rittersleut und Gaukler nehmen die Besucher in dem bunten Markttreiben mit auf eine Zeitreise ins Mittelalter.

Museumslandschaft

Im **Goslarer Museum** laden die ausgestellten Exponate Besucher zu einer faszinierenden Zeitreise in die Geschichte der Stadt ein (Königsstraße 1, Tel.: 0 53 21 / 4 33 94, Nov.–März Di bis So 10–16 Uhr, April–Okt. Di bis So 10–17 Uhr, Erwachsene 4 €, Kinder 2 €).

In der romantischen Lohmühle stellt das **Historische Zinnfigurenmusem** anhand der 30 mm großen Zinnfiguren anschaulich die Entwicklung der Region rund um Goslar dar (Klapperhagen 1, Tel.: 0 53 21 / 2 58 89, www.zinnfigurenmusem-goslar.de, Öffnungszeiten wie Goslarer Museum, Erw. 4 €, Jugendliche 2 €).

Einen Einblick in die moderne und zeitgenössische Kunst bietet dagegen das **Mönchehaus Museum**, in dem wechselnde Ausstellungen gezeigt werden (Mönchestraße 1, Tel.: 0 53 21 / 2 95 70, www.moenchehaus.de, Di bis So 10–17 Uhr, Erwachsene 5 €, Jugendliche 1,50 €).

ESSEN & TRINKEN

✗ *Historisches Wirtshaus*
Die Butterhanne
Marktkirchhof 3, 38640 Goslar
Tel.: 0 53 21 / 2 28 86
www.butterhanne.de
Die Speisekarte der Butterhanne, das in einem 500 Jahre alten Gildehaus untergebracht ist, bietet Gerichte der gutbürgerlichen Küche, Harzer Wildspezialitäten und Steaks vom Lavasteingrill. Täglich geöffnet.

✗ *Backspezialitäten*
Barock-Café Anders
Hoher Weg 4, 38640 Goslar
Tel.: 0 53 21 / 2 38 14
www.barockcafe-anders.de
Im Barock-Café Anders gibt es nicht nur Tortenspezialitäten aus der hauseigenen Konditorei, sondern auch Pralinen und zahlreiche süße Backwaren wie z. B. Baumkuchen. Täglich geöffnet.

✗ *Rustikale Gemütlichkeit*
Wirtshaus an der Lohmühle
Gemeindehof 3–5, 38640 Goslar
Tel.: 0 53 21 / 2 60 70
www.paulaner-an-der-lohmuehle.de
In schöner Lage direkt am Fluss werden eine deutsch-bayerische Küche und saisonale Gerichte serviert. Täglich geöffnet.

UNTERWEGS IM HARZ

✘ *Wildgerichte*
Restaurant Worthmühle
Worthstraße 4, 38640 Goslar
Tel.: 0 53 21 / 4 34 02
www.worthmuehle.de
Das urig-gemütliche Haus in der Goslarer Altstadt bietet Gerichte der deutschen Küche und Spezialitäten des Harz. Flüssige Spezialität: das „Gosebier". Täglich geöffnet.

✘ *Italienisch*
Restaurant Rigoletto
Spitalstraße 2, 38640 Goslar
Tel.: 0 53 21 / 2 37 05
Frische Pizza & Pasta in angenehmer Atmosphäre. Mi Ruhetag.

✘ *Ausgezeichnet*
Restaurant Aubergine
Marktstraße 4, 38640 Goslar
Tel: 0 53 21 / 4 21 36
www.aubergine-goslar.de
Hervorragende mediterrane Küche, viele leckere Salatvariationen mit verschiedenen Beilagen. Tgl. geöffnet.

✘ *Zaziki, Gyros & Co.*
Roxani
Spitalstraße 1, 38640 Goslar
Tel.: 0 53 21 / 15 88
Griechische Spezialitäten in schönem Ambiente. Di Ruhetag.

✘ *Berggaststätte*
Maltermeister Turm
Rammelsbergstr. 99, 38644 Goslar
Tel.: 0 53 21 / 48 00
www.maltermeister-turm.de
Am Fuße des Rammelsberg, im ehemaligen Anläuteturm der Bergleute, befindet sich die Gaststätte mit regionaler Küche. Von der großen Terrasse hat man einen tollen Ausblick über Goslar und das Harzvorland. Täglich geöffnet.

SPORT & FREIZEIT
Harzer Gleitschirmschule
Bäringer Straße 31, 38640 Goslar
Tel.: 0 53 21 / 4 37 37
Die Gleitschirmschule bietet Schnupperkurse im Gleitschirm- und Motorschirmfliegen sowie Tandemflüge an. Geschult wird u. a. am Rammelsberg.

MIT KINDERN UNTERWEGS
Walderlebnispfad
Der 2,5 km lange Goslarer Walderlebnispfad beginnt am Frankenberger Teich in der Straße Nonnenberg. An 18 Stationen können Jung und Alt die Natur hautnah und mit allen Sinnen erleben.

ABENDGESTALTUNG
Goslarer Theater (Kino)
Breite Straße 86, 38640 Goslar
Tel.: 0 53 21 / 28 55
In vier Vorstellungssälen zeigt das traditionsreiche Kino in der Goslarer Altstadt stets die neuesten Filme.

Tiffanys Club (Club/Lounge)
Marktkirchhof 3, 38640 Goslar
Tel.: 0 53 21 / 2 28 86
www.tiffanys-club.de
Im Tiffanys wird regelmäßig ein breites Musikrepertoire aufgelegt, das von den 1970ern bis zu den aktuellen Charts reicht.

NORDRAND IV

SERVICEINFO
Tourist-Information Goslar
Markt 7
38640 Goslar
Tel.: 0 53 21 / 7 80 60
www.goslar.de

▶ WOLFSHAGEN
2.500 Einwohner   (S. 186, C1)

Der Langelsheimer Ortsteil liegt schön eingebettet zwischen der Granetal- und der Innerstetalsperre. Das idyllisch gelegene **Wölfi-Bad** direkt am Waldrand lohnt an heißen Sommertagen einen Besuch (Am Borbergsbach 82, Mobil: 01 70 / 8 84 50 67, www.woelfi-bad.de, Erw. 2,50 €, Kinder 4–16 J. 1,25 €).

ESSEN & TRINKEN
Mit Kinderspielplatz
Hotel Im Tannengrund
Am Borbergsbach 80
38685 Wolfshagen im Harz
Tel.: 0 53 26 / 99 80
www.hotel-im-tannengrund.de
In schöner Lage direkt am Wald und neben dem Wölfi-Bad. Reichhaltige Speisekarte mit Harzer und saisonalen Spezialitäten. Täglich geöffnet.

Mit Sonnenterrasse
Hotel Café Restaurant Bothe
Die Meine 5
38685 Wolfshagen im Harz
Tel.: 0 53 26 / 47 00
www.hotelcafebothe.de
Große Auswahl an selbstgemachten Kuchen und Torten. Die herzhafte Küche bietet u. a. Wildspezialitäten. Mo Ruhetag.

▶ VIENENBURG
10.800 Einwohner   (S. 187, D1)

Die Kleinstadt Vienenburg befindet sich im Süden des waldreichen Höhenzuges Harly und des Vienenburger Sees. Eisenbahnfans kommen im **Eisenbahnmuseum** auf ihre Kosten, das im ältesten noch erhaltenen Bahnhofsgebäude Deutschlands untergebracht ist (Tel.: 0 53 24 / 77 41 37, www.ebm-vienenburg.de, Do, Fr, Sa und So 15–17 Uhr, Erwachsene 2 €, Kinder 1 €). Nordwestlich von Vienenburg befindet sich mit dem **Kloster Wöltingerode** ein gut erhaltenes, ehemaliges Benediktiner- und Zisterzienserinnenkloster. Auf dem Kloster-Erlebnisweg kann man das gesamte Areal inklusive Klosterbäckerei, -brennerei, dem Bienenhaus und Damwildgehege u. v. m. entdecken (Tel.: 0 53 24 / 58 80, www.woeltingerode.de).

SERVICEINFO
Touristinformation Vienenburg
Bahnhofstr. 8, 38690 Vienenburg
Tel.: 0 53 24 / 17 77
www.vienenburg-tourismus.de

HARZER KLOSTERWANDERWEG
TIPP

Der Wanderweg verbindet auf einer Strecke von 32 km mehrere prachtvolle Klöster inmitten des Harzer Vorlandes. Er führt vom Kloster Drübeck über Kloster Ilsenburg, Wöltingerode und Grauhof nach Goslar. Weitere Informationen gibt es bei der Tourist-Info Ilsenburg, Tel. 03 94 52 / 1 94 33, www.ilsenburg.de.

Kloster Wöltingerode

Ein Erlebnis für die Sinne

Entdecken Sie das Kloster Wöltingerode bei Vienenburg, nur 8 Kilometer von Goslar entfernt am idyllischen Harzrand gelegen.

Bekannt vor allem für seine historische Klosterbrennerei und die erlesenen Liköre und Kornbrände, hat das Kloster als Ausflugsziel und das Klosterhotel für Urlaubsreisende noch vieles mehr zu bieten.

Begehen Sie den Klostererlebnisweg und lernen Sie unsere Highlights kennen:

- Barocke Klosterkirche mit Krypta
- Klosterhotel in stilvollem Ambiente
- Rustikaler Klosterkrug mit großzügigem Biergarten
- Klosterbäckerei mit Holzofen und Klosterladen
- Kloster-Kräutergarten
- Kinderspielwiese
- Klosterbrennerei mit regelmäßigen Führungen und Verkostungen (Do & So)
- Bienenhaus mit Imkerei
- Damwildgehege
- Lachsinfo-Center

**Besuchen Sie uns auch zu unseren zahlreichen Veranstaltungen!
Mehr Infos unter: www.woeltingerode.de**

NORDRAND IV

▶ BAD HARZBURG
22.000 Einwohner   (S. 187, D1/2)

Dank seiner sieben Heilquellen ist Bad Harzburg heute ein viel besuchter Kurort. Aber auch die Lage am bewaldeten Gebirgsrand und die unmittelbare Nähe zum Nationalpark Harz locken alljährlich viele Besucher in die Stadt. Seinen Ursprung hat Bad Harzburg in der gleichnamigen Festung, die Kaiser Heinrich IV. im Jahre 1065 zum Schutz der Goslarer Kaiserpfalz auf dem 483 m hohen Burgberg südlich der heutigen Innenstadt errichten ließ. Unterhalb der Harzburg entstand schon bald eine Siedlung, die 1338 erstmals als Neustadt unter der Harzburg erwähnt wurde. Zu den verfallenen Resten der Festung, die schon bald nach ihrem Bau von sächsischen Aufständischen zum ersten Mal zerstört wurde, führt heute die einzige Großkabinenseilbahn Norddeutschlands, die **Burgberg-Seilbahn**, die im Herzogsweg startet (April bis Okt. täglich 9–13 Uhr und 13:30–17 Uhr, Nov. bis März tgl. 10–13 Uhr und 13:30–16 Uhr, Berg- & Talfahrt 3 €, einfache Fahrt 2 €, für Kinder jeweils die Hälfte). Heute ragt die 19 m hohe Canossasäule auf dem Burgberg auf, die mit der Inschrift „Nach Canossa gehen wir nicht. Reichstagssitzung 14. Mai 1872" an die Differenzen zwischen dem Deutschen Reich und dem Vatikan erinnert. Nachdem die erste, 1569 entdeckte Salzquelle zunächst über 250 Jahre lang zur Salzgewinnung

▶ *Auf der Galopprennbahn in Bad Harzburg.*

genutzt wurde, setzte ab 1820 die Verwendung des Wassers für Bade- und Trinkkuren ein. In der Folge entwickelte sich Harzburg zu einem mondänen Kurort, das neben dem Kaiser auch von zahlreichen weiteren bedeutenden Persönlichkeiten seiner Zeit aufgesucht wurde. Für die gut betuchten Gäste aus Berlin wurde eigens eine direkte Zugverbindung nach Bad Harzburg eingerichtet. Aus dieser Zeit stammen nicht nur die klassizistische Trink- und Wandelhalle, wo zwei der sieben Harzburger Quellen als Trinkbrunnen ausgegeben werden und die Spielbank (siehe Abendgestaltung), sondern auch zahlreiche alte Hotels und Villen. Rund um den Sachsenberg führt der 1,6 km lange Besinnungsweg, dessen schöne Aussichtsmöglichkeiten und Rastbänke zur Entspannung einladen. Im nordwestlichen Stadtteil Bündheim steht das gleichnamige, im 16. Jh. errichtete Schloss. Nachdem

IV UNTERWEGS IM HARZ

es im Dreißigjährigen Krieg schwer beschädigt worden war, wurde es im 17. Jh. wieder aufgebaut und ist heute Veranstaltungsort für Konzerte. Mit den imposanten **Rabenklippen** und dem **Radaufall** befinden sich in nächster Nähe von Bad Harzburg auch zwei beeindruckende Naturdenkmäler. Erstgenannte ragen südöstlich der Stadt links der Ecker, die an dieser Stelle bis 1990 die innerdeutsche Grenze bildete, aus dem dichten Wald des Nationalparks empor. Der 22 m hohe Wasserfall dagegen, der 1859 durch eine Umleitung der Radau künstlich geschaffen wurde, stürzt 3 km südlich von Bad Harzburg über Felsen in die Tiefe.

ESSEN & TRINKEN

✕ *Ringhotel*
Braunschweiger Hof
Herzog-Wilhelm-Straße 54
Bad Harzburg
Tel.: 0 53 22 / 78 80
www.hotel-braunschweiger-hof.de
Gehobene Küche für den anspruchsvollen Gast. Große Auswahl an Wild, Geflügel, Rind, Schwein und Fisch. Täglich geöffnet.

✕ *Gemütliche Atmosphäre*
Restaurant Braustübl Zum Paulaner
Goslarsche Straße 1a, Bad Harzburg
Tel.: 0 53 22 / 5 20 88
www.braeustuebl-badharzburg.de
Das rustikale Restaurant ist bekannt für seine Harzer und bayerischen Spezialitäten und das echte Paulaner Weißbier. Täglich geöffnet.

✕ *Café und Kunst*
Winuwuk und Sonnenhof
Waldstraße 9, Bad Harzburg
Tel.: 0 53 22 / 14 59
www.winuwuk.de
Im urgemütlichen Café Winuwuk gibt es neben leckeren Kleinigkeiten und köstlichem Kuchen auch Kunst zu bestaunen. Die dazugehörige Ausstellung Sonnenhof präsentiert wechselnde Bilderausstellungen sowie eine große Auswahl an regionalem, nationalem und internationalem Kunsthandwerk. Mo Ruhetag.

✕ *Deutsche und spanische Küche*
Zum Nudelholz
Schmiedestraße 16, Bad Harzburg
Tel.: 0 53 22 / 9 50 71 77
Alle Nudelgerichte aus eigener Herstellung. Eine besondere Spezialität unter den Desserts sind die Schokoladenmaultaschen. Mo Ruhetag.

✕ *Das etwas andere Lokal*
Hageroths Bier- und Schinkenstube
Herzog-Wilhelm-Straße 104
Bad Harzburg
Tel.: 0 53 22 / 7 80 45 12
Große, verschiedene Schinkenteller und Roastbeef. Sauerfleisch und Sülzen stammen aus eigener Herstellung. Dienstags nicht verpassen: Feuerwehrmarmelade. Mo Ruhetag.

✕ *Mit großer Terrasse*
Konditorei Café Restaurant Peters
Herzog-Wihelm-Straße 106
Bad Harzburg
Tel.: 0 53 22 / 28 27
www.konditorei-peters.de

NORDRAND IV

LUCHSGEHEGE

Seit sie vor einigen Jahren im Nationalpark ausgewildert wurden, leben im Harz auch wieder Luchse. Zu sehen bekommt man den ebenso lautlosen wie stillen Jäger mit den Pinselohren in freier Natur jedoch nur sehr selten. Wer die schönen Tiere trotzdem einmal zu Gesicht bekommen möchte, sollte dem Luchsgehege an den Rabenklippen einen Besuch abstatten. Jeden Mittwoch und Samstag finden regelmäßig um 14:30 Uhr Fütterungen statt. Nach der Fahrt mit der Burgberg-Seilbahn führen ausgeschilderte Wanderwege in ca. 1 Std. zum Luchsgehege. Zu einer kulinarischen Rast lädt die Waldgaststätte Rabenklippe ein, in der deutsche Küche, insbesondere Wildgerichte, zu fairen Preisen serviert werden (siehe auch Tour 7).

Große Auswahl an Torten, Pralinen und Schokolade aus eigener Herstellung. Kleine Speisekarte mit Harzer Küche. Tgl. geöffnet.

SPORT & FREIZEIT
Skyrope Hochseilpark
Nordhäuser Straße 1a, Bad Harzburg
Tel.: 03 94 57 / 9 86 20
www.skyrope.de
April – Ende Okt. So 10 – 18 Uhr, während Niedersachsens Schulferien zusätzlich Mi 12 – 18 Uhr, 2 Std. Erlebnisparcours 20 € (Mindestalter 12 Jahre, Mindestgröße 1,50 m). An Seilen gesichert gilt es im Skyrope Hochseilpark hoch über dem Erdboden von Station zu Station zu gelangen.

Bad Harzburger Sole-Therme
Nordhäuser Straße 3, Bad Harzburg
Tel.: 0 53 22 / 7 53 60
www.sole-therme-bad-harzburg.de
Mo – Sa 8 – 21 Uhr, So 8 – 19 Uhr.
Erw. ab 7,50 €, Kinder ab 5 €.
Innenbereich mit großem Schwimm- und Sprudelbecken sowie Massageduschen. Im Außenbereich badet man im 28 °C warmem Wasser. Große Sauna-Erlebniswelt mit Sole-Grotte, Solarium und Wärmekabinen.

Silberbornbad
Herbrink 1, Bad Harzburg
Tel.: 0 53 22 / 7 53 05
Mo + Di 13 – 21 Uhr, Mi – Fr 8 – 21 Uhr, Sa 8 – 20 Uhr, So 9 – 19 Uhr.
Erw. ab 2,90 €, Kinder ab 1,90 €.
Kombiniertes Hallen- und Freibad mit Schwimmbecken, Rutsche, Kinderbereich, Strömungskanal, Außenbecken, Massagedüsen und großen Liegewiesen.

MIT KINDERN UNTERWEGS
Krodoland
Fasanenstraße 21, Bad Harzburg
Tel.: 0 53 22 / 87 73 32
www.krodoland.de
Täglich 14 – 19 Uhr geöffnet, während der Schulferien 10 – 19 Uhr, Kinder 5 €, Erwachsene 1 €.
Neben einer großzügigen Spiellandschaft mit Indianerdorf und Spielscheune bietet das Krodoland im Ortsteil Westerode die Möglichkeit trendige Aktivitäten wie Swingolf, Spielgolf oder Pit-Pat auszuprobieren.

IV UNTERWEGS IM HARZ

Märchenwald
Nordhäuserstraße 1a, Bad Harzburg
Tel.: 0 53 22 / 35 90
www.maerchenwald-harz.de
März–Okt. tgl. 10–18 Uhr, Nov., Jan. und Febr. Fr–So 10–17 Uhr.
Erwachsene 5 €, Kinder 4 €.
Weitläufige Freizeitanlage, in der die bekanntesten Märchen nachgestellt werden. Mit Safariexpress, Märchenkarussell, Marionettentheater, Hüpfburg, Zwergenbergwerk und vielem mehr.

ABENDGESTALTUNG
Spielbank Bad Harzburg
Herzog-Julius-Straße 64b
Bad Harzburg
Tel.: 0 53 22 / 96 01-0
www.spielbank-bad-harzburg.de
Automatencasino: tgl. 13–2 Uhr, klassisches Spiel: tgl. 18–2 Uhr.
Hier kann man sein Glück bei Klassikern wie Roulette, Black Jack, beim Pokern oder im Automatensaal probieren.

Thrun's Domizil
Hindenburgring 34, Bad Harzburg
Tel: 0 53 22 / 33 77
www.domizil-bad-harzburg.de
Tanz- und Cocktailbar in schöner Jugendstilvilla für Jung und Alt. Geöffnet Fr und Sa.

SERVICEINFO
Tourist-Information Bad Harzburg
Nordhäuser Straße 4
38667 Bad Harzburg
Tel.: 0 53 22 / 7 53 30
www.bad-harzburg.de

▶ ILSENBURG
9.700 Einwohner (S. 187, E2)

Vom Luftkurort Ilsenburg aus kann man zu ausgiebigen Wanderungen in den Nationalpark Harz starten. Auf eine über tausendjährige Geschichte blickt das **Kloster Ilsenburg** zurück, das auch für Ausstellungen, Konzerte und Vorträge genutzt wird (Schloßstraße 26, Tel.: 0 39 45 / 28 01 55, www.klosterilsenburg.de, Mo–Fr 8–16 Uhr, Sa + So nach Anmeldung, Eintritt frei). Lohnenswert ist auch ein Besuch des **Hütten- und Technikmuseums**, das die Herstellung von Kunstgüssen vom 16.–20. Jh. zeigt (Marienhöfer Straße 9b, Tel.: 03 94 52 / 22 22, Mo, Di, Do und Fr 13–16 Uhr, So 14–16:30 Uhr, Erwachsene 2 €, Kinder 1 €).

ESSEN & TRINKEN
✕ *Historische Gemäuer*
Waldgaststätte Plessenburg
Plessenburg 1, 38871 Ilsenburg
Tel.: 0 39 43 / 60 75 35
www.plessenburg.de
Schönes Ausflugsziel südlich von Ilsenburg, zu dem zahlreiche Wanderwege führen. Gemütliche Gaststätte in ehemaligem Jagdschloss. Mai–Okt. täglich geöffnet, sonst Mi Ruhetag.

SERVICEINFO
Tourist-Information Ilsenburg
Karl-Marx-Straße 1
38871 Ilsenburg
Tel.: 03 94 52 / 1 94 33
www.ilsenburg-tourismus.de

NORDRAND IV

▶ Blick vom Agnesberg auf das Schloss Wernigerode.

▶ WERNIGERODE

34.700 Einwohner   (S. 187, E2)

Die „bunte Stadt am Harz", wie Wernigerode wegen seiner farbenprächtigen Fachwerkhäuser auch genannt wird, liegt am Ausgang der Holtemme aus dem Gebirge ins Harzvorland und ist mit knapp 35.000 Einwohnern die größte Stadt des sachsen-anhaltinischen Harz. Wie sich bereits an der Namensendung „-rode" erkennen lässt, liegen die Ursprünge der Stadt in der Zeit der großen Harzer Rodungen um das Jahr 1000. Der älteste Teil der Stadt befindet sich auf der leichten Anhöhe des Klint südlich des Rathauses. Schon 1229 wurde der gut 100 Jahre zuvor erstmals urkundlich erwähnten Marktsiedlung an der Kreuzung zweier wichtiger Handelswege das Goslarer Stadtrecht verliehen. Wenig später entstand vor dem Osttor rund um die heutige Johanniskirche eine Neustadt, die bis 1528 selbstständig und von einer eigenen Stadtmauer umgeben war.

Stadtrundgang

Zentraler Platz von Wernigerode ist bis heute der Marktplatz, an dessen Südseite mit dem von zwei spitzen Türmen flankierten, spätgotischen **Rathaus** das Wahrzeichen der Stadt steht. Das Gebäude, dessen Vorgängerbau aus dem 13. Jh. Mitte des 15. Jh. zugunsten eines Neubaus abgerissen wurde, diente zunächst als Gerichtsstätte und Spielhaus, in dem auch Feiern und Gauklerveranstaltungen stattfanden. Erst 1539 folgte der Umbau zum Rathaus. Weitere kunstvoll verzierte Fachwerkhäuser finden sich insbesondere links und rechts

IV UNTERWEGS IM HARZ

der vom Marktplatz nach Osten abgehenden **Breiten Straße**. Mit ihren vielen Cafés, Restaurants und Geschäften ist sie die zentrale Straße der Wernigeröder Fußgängerzone. Der **Wohltäterbrunnen** wurde in der Eisengießerei Ilsenburg im Stil der Neogotik gegossen und ziert seit 1848 den Marktplatz. In der **St. Sylvestrikirche** kann der 1480 in Brüssel gefertigte Altarschrein besichtigt werden. Die zunächst romanische Kirche hat man in den Jahren 1881 bis 1886 im neogotischen Stil umgebaut. 1356 wurde der 38 m hohe **Westerntorturm** erstmals als Eingangs- und Zolltor im Westen der Stadt erwähnt. Er war als eines von drei doppelt bewehrten Toren Teil des Festungsringes. Das **Schiefe Haus** in der Klintgasse war einst eine Mühle. Das 1680 erbaute Gebäude ist „schief", da sich eine Seite auf dem damals vom Mühlgraben umspülten Grund absenkte. Die Fassade des **Krummelschen Hauses** (1674) ist reich mit aufwendigen Holzschnitzereien verziert. Im Jahr 1792 wurde das **Kleinste Haus**, das einst Handwerker bewohnten, erbaut. Das Bauwerk am oberen Ende der Marktstraße verfügt nur über eine Breite von 2,95 m. Graf Christian Ernst zu Stolberg-Wernigerode ließ 1713 im Osten der Stadt den **Lustgarten** mit Orangerie nach Versailler Vorbild anlegen. Die Orangerie wurde als Bibliothek genutzt und beherbergt heute eine Abteilung des Landeshauptarchivs Sachsen-Anhalt.

Südöstlich der Altstadt steht auf dem 350 m ü. NN hohen Agnesberg mit dem weithin sichtbaren **Wernigeröder Schloss** der Stammsitz der Grafen von Stolberg und Wernigerode (Am Schloss 1, Tel.: 0 39 43 / 55 30 30, www.schloss-wernigerode.de, Mai – Okt. tgl. 10 – 18 Uhr, Nov. – April Di bis Fr 10 – 16 Uhr und an Wochenenden und Feiertagen 10 – 18 Uhr, Erw. 5 €, Kinder 2 €). Sein heutiges Aussehen, das stark an Schloss Neuschwanstein erinnert, bekam das Schloss erst Ende des 19. Jh., als es zu einem historistischen Märchenschloss umgebaut wurde. Ursprünglich war es 1671 als Barockschloss auf den Resten einer romanischen Festung aus dem 12. Jh. errichtet worden.

Vom Vorplatz des Schlosses hat man einen herrlichen Blick über das gesamte Stadtgebiet bis zum Brocken. Der Gipfel des höchsten Bergs des Harzes lässt sich von Wernigerode bequem mit der **Harzer Schmalspurbahn** (Tel.: 0 39 43 / 55 80, www.hsb-wr.de) erreichen, deren dampflok-betriebene Züge auch auf der Strecke der Harzquerbahn bis ins 60 km entfernte Nordhausen fahren. Gleich zu Beginn der Fahrt rollt der Zug durch den Wernigeröder Stadtteil Hasserode, der Heimat der Hasseröder Brauerei. Heute produziert sie ihr Bier, das in Deutschland zu den meistgetrunkenen Bieren Pilsener Brauart gehört, in einer modernen Anlage im Nordwesten Wernigerodes.

NORDRAND IV

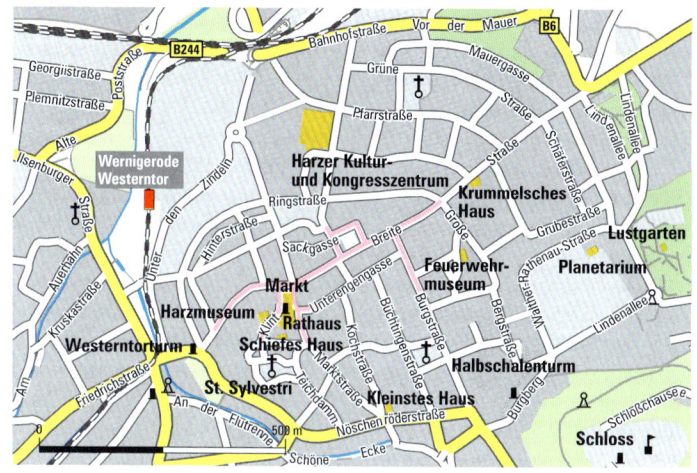

▶ Wernigerode.

Besichtigungen

Im **Harzplanetarium Wernigerode** können Sternenführungen mit einer Dauer von etwa einer Stunde gebucht werden (Walter-Rathenau-Straße 9, Tel.: 01 75 / 4 47 65 40, www.harzplanetarium.de, Führungen nach telefonischer Vereinbarung, Erwachsene 4 €, Kinder ab 3 Jahren 2 €). Eine Sammlung historischer Feuerwehrgeräte kann man im **Feuerwehrmuseum Wernigerode** besichtigen. Auch Utensilien der Atemschutztechnik sowie verschiedene Helme und Uniformen werden dort präsentiert (Steingrube Nr. 3, Tel.: 0 39 43 / 60 11 31, www.feuerwehr-museen.de/wernigerode.htm, Do 14:30–16:30 Uhr, Sa 14:30–17 Uhr und nach Voranmeldung, Eintritt frei). Die Ausstellung über Fossilien, Gesteine und Mineralien im **Harzmuseum Wernigerode** dokumentiert die erdgeschichtliche Entwicklung des Harz. Das Museum ist in einem Haus aus dem Jahr 1821 untergebracht und gliedert sich in zwei Bereiche mit naturwissenschaftlichem und stadtgeschichtlichem Schwerpunkt (Klint 10, Tel.: 0 39 43 / 65 44 54, Mo bis Sa 10–17 Uhr, Erw. 2 €, Kinder ab 7 J. 1,30 €). Im **Museum für Luftfahrt und Technik** sind auf 40.000 m² über 40 Flugzeuge und Hubschrauber sowie zahlreiche weitere Exponate ausgestellt. Darunter befinden sich auch ausgemusterte Kampfjets wie die russische MIG oder der Starfighter. Kinder können eines der Flugzeuge betreten und von innen besichtigen (Gießerweg 1, Tel.: 0 39 43 / 63 31 26, www.luftfahrt-museum-wernigerode.de, Mo bis So 10–17 Uhr, Erwachsene 4,50 €, Kinder 5–15 J. 2,50 €).

IV UNTERWEGS IM HARZ

Das **Schulmuseum Benzigerode** mit alten Schulmöbeln und Lehrmitteln ist in einem ehemaligen Schulhaus aus dem Jahr 1927 untergebracht und gibt einen Einblick in den Schulalltag im Wandel der Zeiten (Rösentor 19, Benzigerode, Tel.: 0 39 43 / 4 81 21, Besichtigung nach Vereinbarung, Eintritt frei). Südöstlich von Wernigerode kann man den **Wildpark Christianental** besuchen. Dort gibt es harztypische Tierarten wie Greifvögel, Waschbären, Luchse und Wildkatzen zu sehen (Christianental 43, Tel.: 0 39 43 / 2 52 92, www.christianental-wernigerode.de, durchgehend geöffnet, Eintritt frei).

ESSEN & TRINKEN

Im Zentrum
Ratskeller
Marktplatz 1, Wernigerode
Tel.: 0 39 43 / 63 27 04
Gutbürgerliche Küche in angenehmer Atmosphäre. Täglich geöffnet.

Pizzeria
Hotel Restaurant La Rustica
Unterengengasse 14, Wernigerode
Tel.: 0 39 43 / 55 77 99
www.la-rustica-wr.de
Leckere italienische Küche in altem Fachwerkhaus. So Ruhetag.

Asiatisches
Orchidea Huong
Klintgasse 1, Wernigerode
Tel.: 0 39 43 / 62 51 62
www.orchidea-huong.de
Japanisches und vietnamesisches Restaurant unter einem Dach. Sowohl Speisen als auch das Ambiente „entführen" nach Fernost. Tgl. geöffnet.

In der Altstadt
Hotel Restaurant Weißer Hirsch
Marktplatz 5, Wernigerode
Tel.: 0 39 43 / 60 20 20
www.hotel-weisser-hirsch.de
In reizvoller Lage direkt am Marktplatz offeriert das Restaurant erlesene internationale Gerichte sowie Harzer Spezialitäten. Tgl. geöffnet.

Rustikale Gerichte
Brauhaus Wernigerode
Breite Straße 24, Wernigerode
Tel.: 0 39 43 / 69 57 27
www.brauhaus-wernigerode.de
In der gemütlichen Atmosphäre des Brauhauses kann man lecker speisen und verschiedene Fass- und Flaschenbiere testen. Täglich geöffnet.

Mit eigener Konditorei
Café Burgstraße
Burgstraße 18, Wernigerode
Tel.: 0 39 43 / 63 40 23
www.cafe-burgstrasse.de
Im freundlich gestalteten Café in der Fußgängerzone wählt man aus einem breiten Angebot an frischen Backwaren aus eigener Herstellung. Täglich geöffnet.

SPORT & FREIZEIT
Hasseröder Ferienpark
Nesseltal 11, Wernigerode
Tel.: 0 39 43 / 5 57 00
www.hasseroeder-ferienpark.de
Ferienpark im Wernigeröder Stadtteil

NORDRAND IV

▶ *Nicht weit von Wernigerode ragt der sagenumwobene Brocken auf.*

Hasserode mit breitem Entspannungs- und Unterhaltungsangebot. Neben einem Erlebnisbad, dem Brockenbad, gibt es eine Wellness- und Saunalandschaft, eine 600 m² große Indoor-Spielewelt (Zugang bis 12 Jahre) und eine Spielhöhle mit Billardtischen, Bowlingbahnen u. v. m. Brockenbad tgl. 9–22 Uhr, Tageskarte Erw. 16 €, Kinder 4–15 J. 12 € (inkl. Sauna), Indoor-Spielewelt tgl. 10–20 Uhr, Fr und Sa bis 21 Uhr, Erw. freier Eintritt, Kinder 3 €.

MIT KINDERN UNTERWEGS
Miniaturenpark Wernigerode
Dornbergsweg 27, Wernigerode
Tel.: 0 39 43 / 40 89 10 11
www.buergerpark-wernigerode.de
Eingebettet in den Bürgerpark der Stadt, zeigt der Miniaturenpark Wernigerode zahlreiche Bauwerke und Sehenswürdigkeiten des Harz in 25-facher Verkleinerung.
Ostern–Nov. täglich 9–16 Uhr, in den Sommermonaten bis 19 Uhr, Erw. 6 €, Kinder 6–16 Jahre 4 €.

SERVICEINFO
Touristinformation Wernigerode
Marktplatz 10
38855 Wernigerode
Tel.: 0 39 43 / 5 53 78 35
www.wernigerode-tourismus.de

▶ BLANKENBURG
22.100 Einwohner   (S. 188, B1)

Auf halber Strecke zwischen den beiden Fachwerkjuwelen Wernigerode und Quedlinburg gelegen, steht das beschauliche Blankenburg ein wenig im Schatten seiner bekannten und viel besuchten Nachbarstädte. Doch auch Blankenburg verfügt über einen malerischen Stadtkern mit prächtigem

IV UNTERWEGS IM HARZ

Renaissance-Rathaus und schönen Fachwerkhäusern. Der Ursprung der Stadt geht zurück auf eine erstmals im Jahre 1123 erwähnte, auf einem blanken Felsen erbaute Burg der Grafen von Süpplingenburg. Die Burg war ein Vorgängerbau des heutigen **Großen Schlosses**, das im Süden über der Altstadt thront. Ursprünglich im Stil der Renaissance errichtet, wurde es Anfang des 18. Jh. im Barockstil umgebaut (Jan. Sa 14–16 Uhr, Feb.–Dez. Di bis Sa 10–16 Uhr, Besichtigung der Innenräume nur innerhalb einer Führung: März–Dez. Sa 14–16 Uhr, Erw. 3 €, Kinder 6–15 Jahre 1 €). Das am nordöstlichen Ende des Schlossparks gelegene, ebenfalls barocke **Kleine Schloss** beherbergt das Museum der Stadt Blankenburg, allerdings sind sowohl das Kleine Schloss als auch das Museum voraussichtlich bis Mitte 2012 aufgrund von Renovierungsarbeiten nicht zugänglich. Vor dem Schloss, das seinen fürstlichen Erbauern als Gartenhaus diente, breiten sich die terrassenartigen Barockgärten über vier Ebenen aus. Südöstlich des Kleinen Schlosses beginnt die sogenannte **Teufelsmauer**, ein schroffer, bis nach Timmenrode reichender Felsrücken aus Sandstein, der der Sage nach vom Teufel errichtet wurde. Wie die versteinerten Überreste urzeitlicher Meeresbewohner im Fels zeigen, entstand die bizarre Formation wohl eher durch tektonische Verschiebungen, denen zufolge die Sedimentablagerungen eines urzeitlichen Meeres senkrecht gestellt wurden. Weitere Abschnitte der Teufelsmauer finden sich weiter östlich bei Thale und Gernrode.

▶ *Die Burgruine Regenstein.*

Nördlich von Blankenburg erhebt sich auf einem 296 m hohen Sandsteinfelsen die **Burgruine Regenstein**. Friedrich der Große ließ die als älteste deutsche Felsenburg geltende Anlage 1758 zerstören, sodass heute nur noch Reste des Bergfrieds sowie einige in den Fels gehauene Teile der Burg erhalten sind (Tel.: 0 39 44 / 6 12 90, April–Okt. tgl. 10–18 Uhr, Nov.–März Mi bis So 10–16 Uhr).

ESSEN & TRINKEN

✕ *Rund um den „Erdapfel"*

Kartoffelhaus Blankenburg
Marktstraße 7, Blankenburg
Tel.: 0 39 44 / 35 12 61
www.kartoffelhaus-blankenburg.com
In dem urigen Altstadt-Restaurant dreht sich alles um die leckere Knolle aus der Erde. Täglich geöffnet.

NORDRAND

⌂✕ *Mit Aussichtsturm*
Berggasthof-Pension Ziegenkopf
Ziegenkopf 1, Blankenburg
Tel.: 0 39 44 / 35 32 60
www.ziegenkopf.de
Der Ziegenkopf ist ein schönes Ausflugsziel etwa 5 km südwestlich von Blankenburg. Spezialität des Hauses: Hefeklöße in allen Variationen. Täglich geöffnet.

⌂✕ *Panoramablick*
Hotel Restaurant St. Hubertus
Waldesruh 4, 38889 Wienrode
Tel.: 0 39 44 / 35 09 58
www.hotel-hubertus-wienrode.de
Köstliche regionale Küche und Wildspezialitäten. Die frischen Forellen stammen aus der nahegelegenen Talsperre. Täglich geöffnet.

⌂✕ *Schönes Ambiente*
Gut Voigtländer
Am Thie 2, Blankenburg
Tel.: 0 39 44 / 36 61-0
www.gut-voigtlaender.de
Hotel und Restaurant in einem ehemaligen landwirtschaftlichen Gut. Internationale und regionale Gerichte. Täglich geöffnet.

⌂✕ *Inmitten von Natur*
Restaurant Zum Klosterfischer
Michaelstein 14, Blankenburg
Tel.: 0 39 44 / 35 11 14
www.zum-klosterfischer.de
In idyllischer Atmosphäre und nahe des Zisterzienserklosters Michaelstein werden in der Küche des Restaurants Gerichte mit Fischen aus eigener Zucht zubereitet. Mo Ruhetag.

KLOSTER MICHAELSTEIN !TIPP

Abseits der Stadt schmiegt sich das Kloster Michaelstein in idyllischer Lage an den Gebirgsrand des Harz. Zur herrlichen romanischen Anlage aus dem 12. Jh. gehören auch ein Kräuter- und ein Gemüsegarten. Die Pflanzen, die die Mönche bereits im Mittelalter als Heilmittel benutzten, werden hier noch heute angepflanzt. Wie das Kloster Drübeck, liegt auch das Kloster Michaelstein an der Straße der Romanik.
April–Okt. tgl. 10–18 Uhr,
Nov.–März Di bis Sa 14–17 Uhr,
So und an Feiertagen 10–17 Uhr.
Michaelstein 3, Blankenburg
Tel.: 0 39 44 / 9 03 00
www.kloster-michaelstein.de

SPORT & FREIZEIT
Falkenhof Harz
Festung Regenstein
Tel.: 01 60 / 92 70 41 99
www.falkenhof-harz.de
Ostern bis Okt. 11–12 Uhr und 15–16 Uhr, in den Sommerferien auch 13:30–14:30 Uhr, Erwachsene 6 €, Kinder ab 7 Jahre 4 €.
Vor der Kulisse der Felsenburg Regenstein können Besucher der Flugshows Greifvögel wie Adler, Geier, Falken, Bussarde und Eulen nicht nur live in Aktion erleben, sondern auch streicheln und füttern.

Freibad Am Thie
Am Thie 4, Blankenburg
Tel.: 0 39 44 / 90 00 25
Das Freibad Am Thie am Rande der Altstadt von Blankenburg ist ein

IV UNTERWEGS IM HARZ

Bio-Bad, d. h. es wird biologisch gereinigt. Mit großer Liegewiese und Spielplatz. Geöffnet von Mai–Sept. 8–20 Uhr, Erwachsene 3 €, Kinder 3–14 Jahre 2 €.

SERVICEINFO
Tourist- und Kurinformation
Markt 3
38889 Blankenburg (Harz)
Tel.: 0 39 44 / 28 98
www.blankenburg.de

▶ THALE UND DAS BODETAL

16.700 Einwohner (S. 188, B/C2)

Knapp 10 km südwestlich von Quedlinburg befindet sich die kleine Stadt Thale direkt am Rand des nördlichen Unterharz. Oberhalb der Stadt bricht sich die Bode in einem tief eingeschnittenen Tal ihren Weg aus dem Gebirge ins sanfte Harzvorland. Auch wenn Thale erst 1922 die Stadtrechte erhielt, blickt der Ort auf eine sehr lange Geschichte zurück, die mit der Gründung des **Klosters Wendhusen** um das Jahr 830 begann. Die Siedlung, die um das Kloster herum entstand, war unter der Bezeichnung „Dorp to dem Dale" bekannt, aus dem sich der heutige Namen der Stadt ableitet. Nachdem das Kloster 1525 während eines Bauernaufstands größtenteils zerstört worden war, wurde es 1540 ein Rittergut. Besichtigt werden können das Kloster und das im Herrenhaus enthaltene Museum Mi bis So von 14–17 Uhr.
Ab Ende des 17. Jh. entwickelte sich Thale zu einem Zentrum der Eisenverhüttung. Einen Einblick in die Geschichte der Eisenverarbeitung erhält man im **Hüttenmuseum Thale** (Walter-Rathenau-Straße 1, Tel.: 0 39 47 / 7 22 56, www.huettenmuseum-thale.de, Mai–Okt. Di bis Fr 9–17 Uhr, Sa und So 10–18 Uhr, Nov.–April Di bis So 9–17 Uhr, Erw. 2 €, Kinder 1 €).

Bodetal
Südlich der Stadt befindet sich der Eingang zum Bodetal, dessen bis zu 250 m hohe Granitwände als die eindrucksvollsten nördlich der Alpen gelten. Zwei der beliebtesten Ausflugsziele des Bodetals sind der **Hexentanzplatz** und die **Rosstrappe**. Die beiden steilen, fast senkrecht aufragenden Granitfelsen stehen sich am Flussufer gegenüber. Auf dem Plateau des Hexentanzplatzes, das rechts der Bode auf 451 m ü. NN liegt, huldigten die Germanen früher ihren heidnischen Gottheiten. Heute befinden sich hier oben u. a. ein Tierpark, der Startpunkt der 1 km langen Bobbahn „Harzbob" (siehe unter Sport & Freizeit) und das **Museum Walpurgishalle**, in dem Ausstellungsstücke zum Thema Hexensabbat und Walpurgisnacht gezeigt werden (April–Okt. tgl. 9–17 Uhr, Eintritt frei). Auch die Rosstrappe, auf deren graue Granitwand rechts der Bode man vom Hexentanzplatz einen spektakulären Blick hat, diente den Germanen wahrscheinlich als Kultort.

NORDRAND IV

Der Hexentanzplatz ist mit einer Kabinenseilbahn bequem erreichbar, auf die Rosstrappe führt eine Sesselbahn (Goetheweg 1, Tel.: 0 39 47 / 25 00, www.seilbahnen-thale.de, Ostern–Okt. tgl. 9:30–18 Uhr, Herbst- und Weihnachtsferien sowie Feb.–Ostern tgl. 10–16:30 Uhr, im Januar Sa und So 10–16:30 Uhr, Berg- und Talfahrt Kabinenbahn Erwachsene 4,90 €, Kinder 3 €, Sesselbahn Erwachsene 3,80 €, Kinder 2 €).

An der Bergstation des Sessellifts befindet sich zudem der **Sagenpavillon**, der seinen Besuchern die Rosstrappensage näherbringt (Öffnungszeiten wie Sessellift, Erwachsene 1 €, Kinder 0,50 €). Folgt man von Thale aus dem Lauf der Bode flussaufwärts, erreicht man nacheinander die drei Thaler Ortsteile Treseburg, Altenbrak und Wendefurth. Der kleine Luftkurort **Treseburg** mit etwa 150 Einwohnern liegt malerisch in einer Flussschlinge der Bode, umgeben von bewaldeten Hängen. Der Aussichtspunkt „Weißer Hirsch" östlich des Ortes, zu dem ein etwa 30-minütiger Weg führt, bietet einen herrlichen Blick über den verträumt wirkenden Ort mit seinen pittoresken Häusern entlang der Bode. Ca. 3 km weiter flussaufwärts gelangt man nach **Altenbrak**. Der etwa 400 Einwohner zählende Kurort war einst ein Hütten- und Bergbauort. Heute bietet er mit seinem Bergschwimmbad und vielen Wander- und Walkingwegen Erholung für Groß und Klein inmitten der wildromantischen Tallandschaft der Bode. Weiter flussaufwärts führt schließlich auch ein idyllischer Wanderweg nach **Wendefurth** an der gleichnamigen Talsperre. Wendefurth, einer der kleinsten Thaler Ortsteile, bildet den Ausgangspunkt für schöne Wanderungen um die Stauseen.

▶ *Teuflische Skulptur am Hexentanzplatz.*

IV UNTERWEGS IM HARZ

GASTHAUS KÖNIGSRUHE

In idyllischer Lage direkt an der Bode, wird hier eine große Auswahl an harztypischen Gerichten und Fisch angeboten. Eigene Herstellung von frisch geräucherten Forellen, Schinken und hausgebackenem Brot.

Wandergasthof Königsruhe
Hirschgrund 1, 06502 Thale
Tel.: 0 39 47 / 27 26
www.koenigsruhe.de

ESSEN & TRINKEN

Rustikale Gemütlichkeit
Gaststätte & Pension „Kleiner Waldkater"
Kleiner Waldkater 1, Thale
Tel.: 0 39 47 / 28 26
www.kleiner-waldkater.de
Beliebter Treffpunkt im Bodetal von Einheimischen, Touristen und Wanderern. Mit Terrasse. Tgl. geöffnet.

Hoch über dem Bodetal
Berghotel & Restaurant Rosstrappe
Rosstrappe 1, Thale
Tel.: 0 39 47 / 30 11
www.berghotel-rosstrappe.de
Restaurant mit zwei schönen Biergärten, tollem Ausblick und gutbürgerlicher Küche.

An der Seilbahn
Gaststätte Hexenkessel
Goetheweg 1, Thale
Tel.: 0 39 47 / 25 00
Die Gaststätte serviert leckere Speisen und Getränke. Im Januar nur an den Wochenenden geöffnet.

Vielfältig
Restaurant Alte Backstube
Rudolf-Breitscheid-Straße 15, Thale
Tel.: 0 39 47 / 77 24 90
In der alten Backstube werden neben einer breiten Auswahl an Fleisch- und Fischgerichten auch spanische Spezialitäten serviert. Di Ruhetag.

Mit Bergterrasse
Bergcafé Mendorf
Ortsstraße 27, Thale-Treseburg
Tel: 03 94 56 / 2 75
www.bergcafe-mendorf.de
Schön gelegenes Café-Restaurant in Treseburg. Die Küche bietet regionale und saisonale Gerichte und täglich frische Regenbogenforellen. Mo Ruhetag.

Eigene Konditorei
Café Theodor Fontane
Forstweg 3, Thale-Altenbrak
Tel: 03 94 56 / 3 36
www.cafe-pension-fontane.de
Mit einmaligem Blick über das Bodetal genießt man in rustikalem Ambiente hausgebackene Kuchen und Torten und deftige Speisen. Täglich geöffnet.

Harzer Gemütlichkeit
Gaststätte „Zur Jägerbaude"
Rolandeck 65, Thale-Altenbrak
Tel.: 03 94 56 / 3 72 o. 5 67 12
www.zur-jaegerbaude.de
Beliebtes Ausflugsziel mit reichhaltigem Angebot an Gerichten aus Wild, Geflügel, Rind und Schwein. Mo Ruhetag.

NORDRAND IV

SPORT & FREIZEIT
Bodetal Therme
Parkstraße 4, Thale
Tel.: 0 39 47 / 77 84 50
www.bodetal-therme.info
So bis Mi 10–22 Uhr, Do bis Sa 10–23 Uhr, Tageskarte Erw. inkl. Sauna 18 €, Kinder 4–15 J. 15,50 €.
Thermen- und Saunalandschaft mit Innen- und Außenbereich sowie Spa- und Wellness-Angeboten.

Tierpark Hexentanzplatz
Tel.: 0 39 47 / 28 80
www.tierpark-thale.de
Juni bis Aug. 9–19 Uhr, sonst bis 18/17/16 Uhr, Erwachsene 4 €, Kinder 2,50 €.
Zahlreiche heimische Tierarten wie Hirsche, Wildkatzen, Wölfe und Fischotter leben im Park. Das Highlight sind die Braunbären Mascha und Jonas.

Harzbob Hexentanzplatz
Tel.: 0 39 47 / 25 00
www.seilbahnen-thale.de
40 km/h erreichen die Alpincoaster auf der 1.000 m langen Strecke vom Hexentanzplatz ins Bodetal. Ostern–Okt. tgl. 9:30–18 Uhr, Herbst- und Weihnachtsferien sowie Feb.–Ostern tgl. 11–16 Uhr, Nov. und Jan. außerhalb der Ferien Sa und So 11–16 Uhr, Erwachsene 2 €, Kinder 4–14 Jahre 1,50 €.

MIT KINDERN UNTERWEGS
Das verhexte Bau-Spiel-Haus
Otto-Schönermark-Straße 1, Thale
Tel.: 0 39 47 / 77 88 99
www.hexenhaus-thale.de
Auf dem Kletterberg, der Wellenrutsche oder kleinen und großen Trampolinen können sich Kinder so richtig austoben. Sehr viel Spaß versprechen auch die Team-Spiele und der Hexen-Fünfkampf. Di bis So 10–19 Uhr, Erw. 4 €, Kinder 5 €.

Funparks im Bodetal
Tel.: 0 39 47 / 25 00
www.seilbahnen-thale.de
Direkt an den beiden Talstationen der Seilbahnen Thale Erlebniswelt lassen die Funparks Kinderherzen höher schlagen. Mit über 20 Gelegenheiten zu Wasser, auf dem Boden und in der Luft garantieren sie absoluten Spaß. Ostern bis Ende Okt. tgl. 9:30–18 Uhr.

SERVICEINFO
Tourist-Information Thale
Bahnhofstraße 3, 06502 Thale
Tel.: 0 39 47 / 25 97
www.bodetal.de

▶ QUEDLINBURG
21.200 Einwohner (S. 188, C1)

Winkelige Gassen und malerische, historische Fachwerkhäuser prägen das Stadtbild von Quedlinburg. Zusammen mit der Stiftskirche gehören die über 1.200 Fachwerkhäuser innerhalb der mittelalterlichen Befestigungsanlage seit 1994 zum UNESCO-Weltkulturerbe. Das älteste der aus sechs verschiedenen Jahrhunderten stammenden Gebäude entstand Anfang des 14. Jh. und beherbergt heute das

IV UNTERWEGS IM HARZ

Fachwerkmuseum (Wordgasse 3, Tel.: 0 39 46 / 38 28, April–Okt. Fr bis Mi 10–17 Uhr, Nov.–März Fr bis Mi 10–16 Uhr, Erwachsene 3 €, ermäßigt 2 €). Neben den verschiedenen Typen des Fachwerkbaus werden hier die Entwicklung der Quedlinburger Altstadt vom 10.–19. Jh. sowie die Sanierungsprojekte der Gegenwart vorgestellt. Im Jahr 1619 wurde das malerische Fachwerkhaus am Kornmarkt 7 erbaut, in dem bis 1850 die Ratswaage zu finden war. Zentraler Platz im Herzen der Quedlinburger Altstadt ist der dreieckige Marktplatz, von dem aus acht Straßen in alle Ecken der Stadt führen. Dominiert wird er vom Rathaus, einem der wenigen Gebäude, die nicht aus Fachwerk bestehen. Das monumentale Sandsteingebäude aus dem Jahre 1619 beeindruckt vor allem durch seine kunstvolle Renaissancefassade. Als Sinnbild bürgerlicher Freiheit steht an der linken vorderen Hausecke des Rathauses ein 2,75 m hoher Roland. Nach seiner erstmaligen Aufstellung im Jahre 1427 ließ Äbtissin Hedwig ihn 1477 wieder entfernen. Erst 1869 wurde er wieder aufgestellt. Nur wenige Meter weiter ragt die spätgotische Marktkirche St. Benedikti auf, die im Inneren auch barocke Elemente aufweist. Am östlichen Eingang zur Altstadt befindet sich das Quedlinburger Stadtschloss, das auch als **Hagensches Freihaus** bezeichnet wird. Das im Stil der Renaissance errichtete Herrschaftsgebäude stammt aus dem 16. Jh. und ist Teil der UNESCO-geschützten Altstadt.

Schlossberg

Die Keimzelle der Stadt befindet sich auf dem heutigen Schlossberg, wo bereits in karolingischer Zeit ein rechteckiges Herrschaftsgebäude und eine Missionskapelle standen. Nachdem der sächsische Herzog Heinrich I. zum ostfränkischen König gewählt worden war, ließ er die Anlage ab dem Jahr 919 zu

▶ Blick auf die Stiftskirche in Quedlinburg.

NORDRAND IV

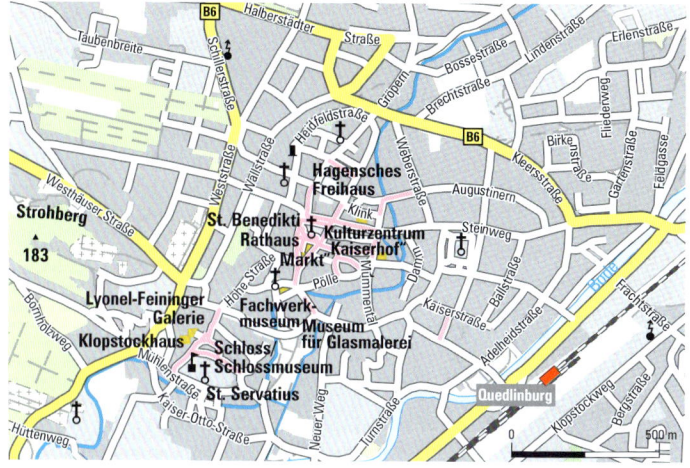

▶ *Quedlinburg.*

einer Reichspfalz umbauen. Als er 936 starb, gründete seine Witwe Mathilde ein reichsunmittelbares Frauenstift auf dem Schlossberg. Bis zur Schließung des Stifts 1802 in Folge der Säkularisation durch die französischen Revolutionstruppen waren die Äbtissinnen des Klosters die mächtigsten Personen in Quedlinburg. Die **Stiftskirche St. Servatius**, die zum Großteil im ersten Drittel des 12. Jh. erbaut wurde, gilt heute als eines der bedeutendsten romanischen Bauwerke in Deutschland. In ihren Schatzkammern befindet sich mit dem Domschatz, der 1993 48 Jahre nach seinem Verschwinden wieder nach Quedlinburg zurückkehrte, einer der wertvollsten Kirchenschätze des europäischen Mittelalters. Während die Stiftskirche die Südseite des Schlossbergs einnimmt, wird sie im Westen und Norden vom **Schloss** umgeben. Das im 16. und 17. Jh. erbaute Gebäude steht auf den Fundamenten der Reichspfalz Heinrich I. und beherbergt heute das **Schlossmuseum**, in dem u. a. eine Ausstellung zur Geschichte des Schlossbergs gezeigt wird (Schlossberg 1, Tel.: 0 39 46 / 90 56 81, April – Okt. Di bis So 10 – 18 Uhr, Nov. – März Di bis So 10 – 16 Uhr, Erw. 4 €, ermäßigt 2,50 €). Südlich davon erstreckt sich der künstlerisch gestaltete Brühlpark, dessen malerische Alleen, barocke Gestaltungselemente und geschwungene Wege viel Wohlfühlatmosphäre verbreiten.

Museumslandschaft

In Quedlinburg lohnen gleich mehrere Museen einen Besuch. Im **Klopstockhaus**, dem Geburtshaus des Dichters Friedrich Gottlieb Klop-

IV UNTERWEGS IM HARZ

EISENBAHNMUSEUM

Liebhaber historischer Spielwaren kommen hier voll auf ihre Kosten. Während in der oberen Etage u. a. alte Puppen und zahlreiche Kinderbücher ausgestellt werden, besteht der Kernbereich des Museums aus einer großen Sammlung historischer Modelleisenbahnen.

Mitteldeutsches Eisenbahn- & Spielzeugmuseum
Blasiistraße 22, 06484 Quedlinburg
Tel.: 0 39 46 / 9 01 95 26
www.eisenbahn-spielzeug-museum.de
Mo bis Sa 10–17 Uhr, Nov. und Jan.–März bis 16 Uhr, So und an Feiertagen ganzjährig 11–16 Uhr, Erwachsene 3,50 €, Kinder 2,50 €.

stock, werden verschiedene Werke des Künstlers ausgestellt. Außerdem finden wechselnde Ausstellungen zu weiteren bedeutenden Persönlichkeiten der Stadt statt (Schlossberg 12, Tel.: 0 39 46 / 26 10, April–Okt. Mi–Sa 10–17 Uhr, Erwachsene 3,50 €, ermäßigt 2,50 €). Direkt unterhalb des Schlossbergs stellt die **Lyonel-Feininger-Galerie** Grafiken des deutsch-amerikanischen Malers Lyonel Feininger aus, einem bedeutenden Vertreter der modernen Kunst (Finkenherd 5a, Tel.: 0 39 46 / 6 89 59 30, www.feininger-galerie.de, April–Okt. Di bis So 10–18 Uhr, sonst bis 17 Uhr, Erw. 6 €, ermäßigt 3 €). Einen Einblick in die faszinierende Welt der filigranen Handarbeit gibt das **Museum für Glasmalerei und Kunsthandwerk**. In dem pittoresken Speichergebäude aus dem 17. Jh. lädt ein interaktiver Erlebnisraum und eine Schauwerkstätte zur aktiven Auseinandersetzung mit den Geheimnissen der Glasmalerei ein (Word 28, Tel.: 0 39 46 / 81 06 53, Mai–Dez. Di bis Fr 10–17 Uhr, Sa 11–18 Uhr, Eintritt frei).

ESSEN & TRINKEN

Traditionsreich
Restaurant Bärenschänke im Hotel Zum Bär
Markt 8/9, Quedlinburg
Tel.: 0 39 46 / 77 70
www.hotelzumbaer.de
Am zentral gelegenen Marktplatz offeriert das Hotelrestaurant in harmonischer Atmosphäre regionale Gerichte. Täglich geöffnet.

Terrasse mit Ausblick
Hotel Restaurant Schlossmühle
Kaiser-Otto-Straße 28, Quedlinburg
Tel.: 0 39 46 / 78 70

▶ *Die Schlosskirche von Quedlinburg.*

NORDRAND IV

www.schlossmuehle.de
Das an ein Hotel angeschlossene, ansprechende Restaurant bietet eine große Auswahl an erlesenen Köstlichkeiten aus der Region, die je nach Saison wechseln. Tgl. geöffnet.

✕ *Gemütlich-rustikal*
Kartoffelhaus No. 1
Breite Straße 37, Quedlinburg
Tel.: 0 39 46 / 70 83 34
In dem schön eingerichteten Restaurant gibt es – wie der Name sagt – zahlreiche Kartoffelgerichte in verschiedenen Variationen.
Täglich geöffnet.

✕ *Flammkuchen mit Schlossblick*
Café Münzenberg
Münzenberg 17, Quedlinburg
Tel.: 0 39 46 / 90 71 34
Von der Terrasse des Café Münzberg, das auf dem gleichnamigen Berg gegenüber dem Schlossberg liegt, hat man einen tollen Blick über die Stadt. Flammkuchen sind die Spezialität des Hauses.
Do Ruhetag.

ABENDGESTALTUNG
Studiokino Eisenstein
Reichenstraße 1, Quedlinburg
Tel.: 0 39 46 / 26 40
Das kleine, unabhängige Kino bietet Filme abseits des Mainstreams.

SERVICEINFO
Tourismus-Marketing GmbH
Markt 2, 06484 Quedlinburg
Tel.: 0 39 46 / 90 56 24
www.quedlinburg.de

▶ BALLENSTEDT
7.950 Einwohner (S. 189, D2)

Am nordwestlichen Rand des Mansfelder Berglandes liegt Ballenstedt. Die Stadt ist der Geburtsort Albrecht des Bären, dem ersten Markgrafen von Brandenburg und Begründer des Herrscherhauses der Askanier. Im 12. Jh. war er maßgeblich an der deutschen Ostkolonisation und der Gründung zahlreicher Städte östlich der Elbe beteiligt. Südlich von Ballenstedt ließ er im Selketal die Burg Anhalt neu errichten, die dem kleineren der beiden Landesteile des heutigen Bundeslandes Sachsen-Anhalt seinen Namen gab. Nach seinem Tod im Jahre 1170 wurde Albrecht der Bär in der Stiftskirche des Benediktinerklosters neben seiner Burg in Ballenstedt beerdigt. Den Platz von Burg und Kloster nimmt heute das **Schloss Ballenstedt** (Schlossplatz 3, Tel.: 03 94 83 / 8 25 56, Di bis Fr 10–16 Uhr, Sa und So 10–17 Uhr, Nov.–April nur Di bis So 10–16 Uhr, Erw. 3,50 €, Kinder 2 €) ein. Die barocke Anlage thront im Westen der Stadt auf einem Felsen und wurde 1765 als Residenz der Fürsten von Anhalt-Bernburg erbaut. Heute beherbergt das Schloss, das bis 1945 privater Wohnsitz der Familie Anhalt war und zu DDR-Zeiten als Forstwirtschaftsschule diente, u. a. eine Ausstellung über die Askanier. Ab 1858 entstand rund um das Schloss der klassizistische Schlossgarten nach den Plänen des preußischen Landschaftsarchitekten Peter Joseph Lenné.

IV UNTERWEGS IM HARZ

Etwa 8 km südlich von Ballenstedt steht im Selketal die malerische **Burg Falkenstein** (Tel.: 03 47 43 / 53 55 90, www.burg-falkenstein.de, April–Okt. tgl. 10–18 Uhr, Nov.–März Di bis So 10–16:30 Uhr, Erwachsene 4,50 €, Kinder 2,70 €, Nov.–Febr. 0,50 € günstiger). Während die flussaufwärts gelegene Burg Anhalt bereits seit Langem verfallen ist, gilt Burg Falkenstein als eine der besterhaltenen mittelalterlichen Befestigungsanlagen Deutschlands. Die im 12. Jh. von den Grafen von Konradsburg errichtete Burg befindet sich auf einem Felssporn hoch über dem Tal und ist nur zu Fuß zu erreichen. Um 1230 schrieb Eike von Repgow auf Burg Falkenstein mit dem Sachsenspiegel die wohl bedeutendste deutsche Gesetzessammlung des Mittelalters auf.

Eine weitere Burganlage liegt westlich von Ballenstedt auf dem Weg in Richtung Gernrode. Die sehenswerte **Roseburg** (www.roseburg-harz.de, April bis Okt. 9–18 Uhr, Nov. bis März 10–17 Uhr, Erwachsene 3 €, Kinder bis 16 J. frei) stammt allerdings nicht aus dem Mittelalter, sondern wurde erst zu Beginn des 20. Jh. auf alten Fundamenten im Stil der Neoromanik neu erbaut. Lohnenswert ist auch ein Ausflug nach **Gernrode** selbst. Die kleine, 3.800 Einwohner zählende Stadt ist vor allem für ihre romanische Basilika bekannt. Die ab dem Jahr 959 errichtete **St. Cyriakus-Kirche** erfuhr seit 1014 nahezu keine baulichen

▶ *Die imposante Burg Falkenstein.*

NORDRAND IV

Veränderungen mehr und gilt deshalb als eines der bedeutendsten erhaltenen Bauwerke des ottonischen Zeitalters. Rund um die Kirche lädt die schmucke Altstadt Gernrodes mit ihren zahlreichen Fachwerkhäusern und dem barocken Rathaus zum Verweilen ein.

ESSEN & TRINKEN

Mit Terrasse
Hotel-Restaurant Stadt Bernburg
Allee 44, Ballenstedt
Tel.: 03 94 83 / 9 70 03
www.hotel-stadtbernburg.de
Das zum Hotel Stadt Bernburg gehörende Restaurant bietet eine gepflegte Küche in gemütlicher Atmosphäre. Täglich geöffnet.

Auf Burg Falkenstein
Burgschenke „Krummes Tor"
Tel.: 03 47 43 / 6 20 12
www.ritteressen-burg-falkenstein.de
Über dem dritten Tor der Burganlage befindet sich die stilvolle Burggaststätte. Im Sommer lockt der gemütliche Biergarten. Toller Blick auf das Selketal und die Burganlage. April–Okt. täglich geöffnet, sonst Mo Ruhetag.

Auf Burg Falkenstein
Restaurant Pension „Gartenhaus"
Tel.: 03 47 43 / 81 74
www.ritteressen-burg-falkenstein.de
Im historischen Gartenhaus, der einstigen Gärtnerei der Burg Falkenstein, wird deftige regionale Kost serviert. Mit Biergarten.
Täglich geöffnet.

Mit persönlicher Note
Restaurant Klosterstuben
Schlossplatz 3, Ballenstedt
Tel.: 03 94 83 / 9 76 60
www.klosterstuben-ballenstedt.de
Im historischen Ambiente des barocken Schlosses Ballenstedt bereitet die Küche des Hauses delikate Gerichte aus regionalen Produkten zu. Auch selbstgebackene Kuchen sowie Kaffee- und Teespezialitäten. Mo Ruhetag.

ABENDGESTALTUNG
Schlosstheater Ballenstedt
Schlossplatz 4, Ballenstedt
Tel.: 03 94 83 / 3 17
www.ballenstedt-information.de
Das Schlosstheater dient als Gastspielhaus mit Veranstaltungen verschiedener Genres.

SPORT & FREIZEIT
Harzer Uhrenfabrik
Lindenstraße 7, Gernrode
Tel.: 03 94 85 / 54 30
www.harzer-uhren.de
In Gernrode befindet sich die größte Fabrik von Kuckucksuhren außerhalb des Schwarzwaldes. Bei einer Führung wird gezeigt, wie die Uhren hergestellt werden. Tgl. 9–17 Uhr, Eintritt 2 €. Um Anmeldung wird gebeten.

SERVICEINFO
Tourist-Information Ballenstedt
Anhaltiner Platz 11
06493 Ballenstedt
Tel.: 03 94 83 / 2 63
www.ballenstedt-information.de

IV UNTERWEGS IM HARZ

Südrand
Auf der Sonnenseite des Harzes

Der Südrand ist die sanfte Seite des Harz. Nicht nur, weil der Übergang des Gebirges zum Vorland hier weniger abrupt ist als im Norden, sondern vor allem wegen der Sonne, die die Berghänge hier vom Süden her verwöhnt. Gesäumt wird die Sonnenseite des Harz von schönen alten Städten wie Osterode, Nordhausen und Sangerhausen.

▶ OSTERODE AM HARZ

23.700 Einwohner (S. 186, B3)

Am Ausgang der Söse aus dem Gebirge liegt Osterode, die Kreisstadt des niedersächsischen Landkreises Osterode am Harz.

Schon Heinrich Heine nutzte die Stadt als „Tor zum Südharz", als er von hier aus über Clausthal-Zellerfeld bis nach Goslar wanderte. Heute ist Osterode vor allem wegen seiner sehenswerten Fachwerkaltstadt ein beliebtes Ausflugsziel. Genauso wie andere Orte des Harz, die auf „-rode" enden, entstand auch Osterode während der Zeit der großen Rodungen um das Jahr 1000. Ob die germanische Frühlingsgöttin Ostera Namenspatin für die Stadt war, ist umstritten. Nachdem die Stadt während einer Fehde zwischen Heinrich dem Löwen und Albrecht dem Bären im Jahre 1152 zu großen Teilen zerstört worden war, entwickelte sie sich durch den florierenden Bergbau und die Eisenverhüttung ab dem 13. Jh. zu einem wohlhabenden Handelsort. Auf die Verleihung der Goslarer Stadtrechte im Jahre 1293 folgte der Beitritt zur Hanse. Dem Schutz der Stadt diente im Mittelalter neben der zum Teil noch erhaltenen Stadtbefestigung eine Reichsburg, die am anderen Ufer der Söse nördlich der Altstadt stand. Von der Burg, die

SÜDRAND IV

den Bewohnern Osterodes nach ihrer Aufgabe als Steinbruch diente, sind heute nur noch die Reste eines romanischen Wohnturms übrig. Zentrum des städtischen Lebens von Osterode ist der Kornmarkt. Er wird von stattlichen Fachwerkhäusern wie dem Rinneschen Haus gesäumt, hinter dessen kunstvoll verzierter Fassade Heinrich Heine einst Unterkunft fand. Im Osten des Platzes steht die im Mittelalter erbaute und im 16. Jh. erweiterte **Marktkirche St. Ägidien**. Sie trennt den Kornmarkt vom malerischen Alten Rathaus, dessen Fachwerkgiebel seit dem 18. Jh. mit Schiefer verkleidet ist.

Dass Getreide einst eine große Rolle in Osterode spielte, zeigt nicht nur der Name des Kornmarktes, sondern auch das 1719 erbaute **Harzkornmagazin**. Der Kornspeicher fasste rund 200 Tonnen Getreide und diente der Versorgung der Oberharzer Bergstädte. Heute ist in dem Gebäude die Osteroder Stadtverwaltung untergebracht. Im Ritterhaus, einem reich verzierten Fachwerkbau aus dem 17. Jh., befindet sich ein **Museum**, das u. a. über die Stadtgeschichte Osterodes und über den Bildhauer Tilman Riemenschneider, der seine Kindheit und Jugend in Osterode verbracht hat, informiert (Rollberg 32, Tel.: 0 55 22 / 91 97 93, www.museum.osterode.de, Di bis Fr 10 – 13 Uhr und 14 – 17 Uhr, Sa und So 14 – 17 Uhr, Erwachsene 2,50 €, Kinder ab 6 Jahren 1,50 €).

▶ *Die Stadtmauer in Osterode.*

ESSEN & TRINKEN

Gehobener Komfort

Hotel Sauerbrey
Friedrich-Ebert-Straße 129
Osterode-Lerbach
Tel.: 0 55 22 / 5 09 30
www.hotel-sauerbrey.de
Gehobene Küche mit Harzer Spezialitäten und internationalen Gerichten. Täglich geöffnet.

Fast wie in Bayern

Wirtshaus Oberbayern
Aegidienstraße 30, Osterode
Tel.: 0 55 22 / 31 77 25
www.wirtshaus-oberbayern.de
Bayerische sowie typisch deutsche Küche. Mit idyllischem Biergarten. Täglich geöffnet.

Traditionsreich

Landgasthof Sindram
Ührde 22, Osterode
Tel.: 0 55 22 / 67 18
www.landgasthof-sindram.de

IV UNTERWEGS IM HARZ

Landgasthof im idyllisch gelegenen Dorf Uehrde. Breite Auswahl an leckeren Fisch- und Fleischgerichten. Mo und Di Ruhetag.

✕ *Deftiges in der Altstadt*
Ratskeller Osterode
Martin-Luther-Platz 2, Osterode
Tel.: 0 55 22 / 50 56 70
www.osterode-ratskeller.de
Das gastronomische Angebot des Ratskellers reicht von herzhaften regionalen bis zu mediterranen Gerichten und saisonalen Spezialitäten. Mi Ruhetag.

SPORT & FREIZEIT
Aqua-Land ALOHA
Schwimmbadstraße 1, Osterode
Tel.: 0 55 22 / 90 64 15
www.aqualand-osterode.de
Mo 13–22 Uhr, Di bis Sa 9–22 Uhr, So 8–20 Uhr, Tageskarte Erwachsene 6,40 €, Jugendliche ab 15 Jahren 4,20 €, Kinder 3–14 Jahre 3,70 €. Das großflächige Freizeitbad mit Außen- und Innenbereich umfasst u. a. eine Saunalandschaft und verschiedene Wellnessangebote.

Osteroder Vogelstation
Am Blindenkurheim, Osterode
Tel.: 01 71 / 8 90 78 05
www.magisch-reisen.de/vogelstation
Die Vogelstation befindet sich zwischen Osterode und der Sösetalsperre. Sie ist die Heimat von rund 50 heimischen Vogelarten, wie z. B. Sing-, Greif- und Wasservögeln.
April bis Okt. tgl. 10–18 Uhr, Erw. 2 €, Kinder 6–14 Jahre 1 €.

ABENDGESTALTUNG
Bowlingcenter Eulenburg
Scheerenberger Straße 100
Osterode
Tel.: 0 55 22 / 31 45 52
www.bowlingcenter-eulenburg.de
Neben acht modernen Bowlingbahnen verfügt das Bowlingcenter auch über eine Lounge mit Restaurant.
Mo bis Do 16–22 Uhr, Fr und Sa 15–1 Uhr, So und an Feiertagen 14–22 Uhr, pro Stunde und Bahn zwischen 13 und 18 € (je nach Wochentag und Tageszeit).

SERVICEINFO
Touristinformation Osterode
Schachtrupp-Villa, Dörgestraße 40
37520 Osterode am Harz
Tel.: 0 55 22 / 68 55
www.osterode.de

▶ HERZBERG AM HARZ
14.000 Einwohner (S. 186, C4)

Etwa 10 km südöstlich von Osterode liegt die Kleinstadt Herzberg. Ihre Geschichte ist eng verbunden mit der des **Welfenschlosses**, das im Westen der Stadt auf einer Anhöhe thront. Die ursprünglich von Werner von Lutterberg als Jagdschloss errichtete Anlage kam 1157 in den Besitz Heinrich des Löwen, der es von Friedrich Barbarossa im Tausch gegen die schwäbische Burg Badenweiler erwarb. In der Folge war das Schloss bis zum Jahr 1866, als das Königreich Hannover zu einer preußischen Provinz wurde, durchgehend im Besitz verschiedener Linien des welfischen Herrscherhauses. Unterhalb des Schlossberges entwickelte sich eine Siedlung, die 1337 erstmals urkundlich erwähnt wurde. Nach einem verheerenden Brand im Jahre 1510 wurde das Schloss als vierflügelige Anlage im Stil der Spätgotik und der Renaissance mit sehr viel Fachwerk wieder aufgebaut. Vor allem der dreigeschossige Uhrenturm mit seinen kunstvollen Schnitzereien und seinem geschwungenen Haubendach ist sehr schön anzusehen.

Im Welfenschloss befindet sich heute das **Museum Schloss Herzberg,** das die Geschichte des Schlosses und der Stadt dokumentiert (Tel.: 0 55 21 / 47 99, www.museum-schloss-herzberg.de, April – Okt. Di bis So 10 – 13 Uhr und 14 – 17 Uhr, Nov. – März Di bis Fr 11 – 13 Uhr und 14 – 16 Uhr, Sa und So 11 – 13 Uhr und 14 – 17 Uhr, Erwachsene 2 €, Kinder 6 – 18 Jahre 1,50 €). Der Rittersaal ist regelmäßig Veranstaltungsort für Konzerte und Vorträge.

Nördlich von Herzberg beginnt der Nationalpark Harz. Besonders der kleine, zu Herzberg gehörende Ort Lonau eignet sich gut als Ausgangspunkt für Touren ins Gebirge. Zu den eindrucksvollsten Wanderzielen gehört der 8 m hohe Quarzitfelsen der sagenumwobenen Hanskühnenburgklippe, die sich auf dem bis zu 865 m ü. NN hohen Bergrücken „Auf dem Acker" befindet.

Ausflugsziele

Ca. 7 km südlich von Herzberg gelegen, gilt die **Rhumequelle** als eine der ergiebigsten Quellen Europas. Pro Sekunde sprudeln hier 2.000 bis 5.000 l Wasser aus dem Boden. Ebenfalls sehr sehenswert ist die fast 600 m tiefe **Einhornhöhle** bei Scharzfeld, die schon von Goethe und Leibniz besucht wurde. Sie verdankt ihren Namen den dort

▶ Das Welfenschloss in Herzberg.

IV UNTERWEGS IM HARZ

gefundenen Knochen eiszeitlicher Raubtiere, die früher als Überreste eines Einhorns gedeutet wurden (Tel.: 0 55 21 / 99 75 59, www.einhornhoehle.de, April–Okt. Di bis So 10–17 Uhr, im Winter nur in den Weihnachtsferien von 11–16 Uhr geöffnet, Erwachsene 7,50 €, Kinder 6–15 Jahre 4,50 €, bis 6 Jahre 1,50 €).

ESSEN & TRINKEN
Unterhalb des Schlossbergs
Hotel Restaurant Landhaus Schulze
Osteroder Straße 7, Herzberg
Tel.: 0 55 21 / 8 99 40
www.landhaus-schulze.de
Eine der besten Adressen in Herzberg mit internationaler und regionaler Küche. Auch saisonale Spezialitäten. Sehr nettes Ambiente. Täglich geöffnet.

Im historischen Schloss
Café-Restaurant wm royal
Schloss 2, Herzberg
Tel.: 0 55 21 / 98 69 86
www.welfenschloss.de
Neben Gerichten der gehobenen Küche werden im Café-Restaurant im Welfenschloss auch Kaffee und Kuchen serviert. Mit Burgterrasse. Mo und Di Ruhetag.

Charmant
Hotel-Restaurant Harzer Hof
Harzstraße 79, Herzberg
Tel.: 0 55 21 / 99 47 00
www.hotel-harzerhof.de
Der Harzer Hof im Herzberger Ortsteil Scharzfeld bietet sowohl regionale als auch internationale Speisen und saisonale Spezialitäten. Täglich geöffnet.

ABENDGESTALTUNG
Central-Lichtspiele (Kino)
Hauptstraße 42 a, Herzberg
Tel.: 0 55 21 / 10 12
www.kinowelt-online.de
Das Kino ist mit der neuesten 3D-Digital-Technik ausgestattet.

Bowlero – Bowling and more
Angerstraße 17, 37197 Hattorf
Tel.: 0 55 84 / 9 42 90 35
www.bowlero.de
Das Bowling-Center befindet sich westlich von Herzberg in Hattorf. Mo bis Do 15–24 Uhr, Fr und Sa 15–3 Uhr, So und an Feiertagen 10–22 Uhr, pro Std. zwischen 11 und 19 € (je nach Tageszeit).

SERVICEINFO
Touristinformation Herzberg
Marktplatz 32
37412 Herzberg am Harz
Tel.: 0 55 21 / 85 21 11
www.touristinformation-herzberg.de

▶ BAD LAUTERBERG
11.300 Einwohner (S. 186/187, C/D 4)
Der schöne Kurort Bad Lauterberg liegt unterhalb des Oder-Stausees im Tal der Oder kurz vor deren Austritt aus dem Gebirge. Während die Stadt früher vom Kupferbergbau geprägt war, ist sie heute eines der bekanntesten Kneippheilbäder Norddeutschlands. Lange Zeit war Lauterberg nichts weiter als eine

kleine dörfliche Ansiedlung unterhalb der im 12. Jh. erbauten **Burg Lutterberg**. Erst mit der Erteilung der Bergfreiheit für die Grafschaft Lutterberg im Jahre 1521 und dem daraus resultierenden Beginn des Bergbaus in Lauterberg begann der kleine Ort zu prosperieren.
In der **Königshütte**, die Mitte des 18. Jh. im Süden der Stadt zu Zwecken der Eisenverhüttung erbaut wurde und bis 2001 in Betrieb war, ist seit 1997 das **Südharzer Eisenhüttenmuseum** untergebracht (Königshütte, Tel.: 0 55 24 / 49 19, www.koenigshuette.com, Führungen am 2. und 4. Dienstag im Monat um 15 Uhr, Eintritt frei). Neben einigen hier hergestellten Produkten zeigt die Ausstellung, wie die Eisenverhüttung funktioniert. In den beiden Stollen des südöstlich des Stadtkerns gelegenen **Besucherbergwerks** kann man sich anschauen, wo die Erze abgebaut wurden (Ritscherstraße 4, Tel.: 0 55 24 / 9 20 40, April–Okt. Di, Fr und Sa ab 15 Uhr, Nov.–März nur Fr und Sa, Erwachsene 3 €, Kinder 1 €).
Der Kurbetrieb in Bad Lauterberg hat seine Wurzeln im Jahr 1839, als das erste Kaltwasserheilbad seine Tore für Gäste öffnete. Auch der von alten Bäumen bestandene Kurpark wurde bereits im 19. Jh. angelegt.
Oberhalb der Stadt befindet sich mit dem 5 km langen **Oder-Stausee** der zweitgrößte Stausee des Harz. Er wurde in den 1930er Jahren zu Zwecken der Stromerzeugung und der Hochwasserregulierung aufgestaut und ist heute ein beliebtes Ziel für Wassersportler und Erholungssuchende.

ESSEN & TRINKEN
✕ Deftige Hausmannskost
Restaurant Goldene Aue
Scharzfelder Str. 43, Bad Lauterberg
Tel. 0 55 24 / 28 69
www.restaurant-goldeneaue.de
Das Restaurant Goldene Aue bietet neben gutbürgerlicher Küche auch türkische Gerichte an. Mo Ruhetag.

✕ Ausflugslokal
Waldgaststätte Bismarckturm
Bismarckturm 1, Bad Lauterberg
Tel.: 0 55 24 / 8 06 61
www.bismarckturm-badlauterberg.de
In der Waldgaststätte am Bismarckturm, von dem man eine herrliche Aussicht über den Harz und Bad Lauterberg hat, werden deftige Gerichte und Brotzeiten serviert. Täglich geöffnet.

DOMBROWSKY´S BAUDE

Schöne Einkehrmöglichkeit nach einem Rundgang um den idyllisch gelegenen Bergsee Wiesenbeker Teich im Südosten von Bad Lauterberg. Sehr gemütliche Atmosphäre im Harzer Stil mit großer Außenterrasse. Gute deutsche Küche und Wildspezialitäten. Di Ruhetag.

Restaurant Café Dombrowsky´s Baude
Wiesenbeker Teich, Bad Lauterberg
Tel.: 0 55 24 / 25 10
www.wiesenbekbaude.de

IV UNTERWEGS IM HARZ

🥾✕ *Im Reich der Biene*
Bienenhof Quellmalz
Kupferhütte 1, Bad Lauterberg
Tel.: 0 55 24 / 85 28 80
www.imkerei-quellmalz.de
Gemütliches Waldcafé mit Garten, in dem hausgebackene Kuchen und Wildgerichte serviert werden. Mit eigener Imkerei. Im kleinen Museumsstübchen erfährt man Wissenswertes aus dem Reich der Bienen. Honig, Met und weitere Produkte aus Bienenwachs erhältlich. Streichelwiese mit Esel und Ziegen. Täglich geöffnet.

✕ *Breite Auswahl*
Restaurant Alt Lauterberg
Hauptstraße 116, Bad Lauterberg
Tel.: 0 55 24 / 37 33
www.altlauterberg.de
Neben Nudel- und Fischgerichten werden in der Küche des Alt Lauterberg auch Wildspezialitäten und saisonale Speisen zubereitet. Täglich geöffnet.

🥾✕ *Torten-Paradies*
Café Schnibbe
Kaffeerösterei & Chocolaterie
Hauptstraße 137, Bad Lauterberg
Tel.: 0 55 24 / 92 10-0
www.cafe-schnibbe.de
Süße Köstlichkeiten aus der hauseigenen Konditorei und täglich wechselnder Mittagstisch. Täglich geöffnet. Herstellung eigener Kaffeeröstungen und edler Schokolade im zugehörigen Laden „Kaffeerösterei & Chocolaterie". So und Mo Ruhetag.

SPORT & FREIZEIT
Kirchberg-Therme
Wiesenbek 11–12, Bad Lauterberg
Tel.: 0 55 24 / 85 40
www.gollee.de
Täglich 10–22:30 Uhr, Tageskarte Erwachsene 14 €, Kinder 4–14 Jahre 10,50 €.
Die Therme bietet Badevergnügen und Entspannung inmitten einer subtropischen Pflanzenwelt. Während die Süßwasserlagune 29 °C warm ist, haben das Thermal-Sole-

HARZER BAUDENSTEIG

Zu einer kulinarischen Wanderung entlang der Harzer Sonnenseite lädt der Harzer Baudensteig ein. Auf der 100 km langen Strecke von Bad Grund bis zum Kloster Walkenried verbindet der Wanderweg die schönsten Waldgaststätten und Berggasthöfe (sogenannte „Bauden") der Region miteinander. Auf insgesamt sechs Etappen kommen Wanderer in den Genuss von rustikalen bis gehobenen Spezialitäten.
Etappe 1:
Bad Grund–Lerbach (21,9 km)
Etappe 2:
Lerbach–Sieber (18,8 km)
Etappe 3:
Sieber–Bad Lauterberg (14,7 km)
Etappe 4:
Bad Lauterberg–Bad Sachsa (11,2 km)
Etappe 5:
Bad Sachsa–Wieda (13,4 km)
Etappe 6: Wieda–Walkenried (16,7 km)
Mehr Informationen gibt es bei der Touristinformation Bad Lauterberg oder im Internet auf www.harzerbaudensteig.de.

Becken und der Whirlpool sogar 34 bzw. 36 °C Wassertemperatur. Schöne Saunalandschaft, im Außenbereich mit Gletschergrotte.

MIT KINDERN UNTERWEGS
Vitamar
Masttal 1, Bad Lauterberg
Tel.: 0 55 24 / 85 06 65
www.vitamar.de
Mo, Di, Do, Fr 9–22 Uhr, Mi 7–22 Uhr, Sa, So 9–21 Uhr, Tageskarte Erwachsene 10,60 €, Kinder ab 4 Jahren 8,10 €.
Das schöne Freizeitbad verfügt neben einem Wellen-, Erlebnis-, Kinder- und Außenbecken sowie Rutschen auch über eine ausgedehnte Saunalandschaft und einen Wellnessbereich mit Massagen und weiteren Angeboten.

SERVICEINFO
Touristinformation Bad Lauterberg
Haus des Gastes, Ritscherstraße 4
37431 Bad Lauterberg
Tel.: 0 55 24 / 9 20 40
www.badlauterberg.de

▶ BAD SACHSA
7.750 Einwohner (S. 187, D4)

Am Fuße des 660 m ü. NN hohen Ravensberges, von dessen Gipfel man bei klarer Witterung nicht nur den Brocken und das Kyffhäusergebirge sieht, sondern sogar die Höhen des Thüringer Waldes, liegt die kleine Stadt Bad Sachsa. Sie wurde im Jahre 870 unter dem Namen „Sachsahu" erstmals urkundlich erwähnt und zählt somit zu den ältesten Siedlungen des Harz. Die Sachsenburg, die ursprünglich oberhalb des Ortes thronte, wurde bereits 1074 während der Sachsenaufstände zerstört. Nichtsdestotrotz hatte Bad Sachsa als Siedlung weiterhin Bestand und kam im 13. Jh. mit der spätromanischen St. Nikolai-Kirche zu ihrem bis heute bestehenden, zentralen Gotteshaus. Gotische und barocke Elemente komplettierten das sehenswerte Bauwerk in den folgenden Jahrhunderten. Nachdem 1874 die ersten Kurgäste nach Sachsa kamen, darf sich die Stadt seit 1905 mit dem Namenszusatz „Bad" schmücken.

Bis heute bieten Einrichtungen wie der Kurpark, das Kurzentrum, die Kurklinik und zahlreiche schöne Waldwege optimale Bedingungen zur Genesung und Erholung.

Dass Bad Sachsa früher einmal direkt an der innerdeutschen Grenze lag, kann man sich im Stadtteil Tettenborn vergegenwärtigen: 4 km südlich der Kernstadt steht das **Grenzlandmuseum**, das anhand von zahlreichen Modellen und Dokumenten über die heute surreal erscheinende Situation am ehemaligen Grenzzaun informiert. So erfährt man hier nicht nur die Details vieler verschiedener Fluchtversuche, sondern auch, wie das Innenleben eines Grenzturms aussah (Tel.: 0 55 23 / 99 97 73, www.gm-badsachsa.de, So und an Feiertagen 10–12 Uhr, Mi 13–16 Uhr, Erwachsene 2,50 €, Jugendliche 10–16 Jahre 1,50 €).

Kloster Walkenried

Auf halbem Weg von Bad Sachsa in das thüringische Ellrich liegt der kleine Ort Walkenried. Im 12. Jh. entstand hier mit dem Kloster Walkenried eines der größten und eindrucksvollsten Zisterzienserklöster Deutschlands. Reformation und Bauernkriege läuteten seinen Niedergang ein, der im 17. und 18. Jh. in der Nutzung der ehemals 92 m langen und 23 m hohen gotischen Kirche als Steinbruch gipfelte. Während von der Kirche nur noch Reste erhalten sind, finden im gut erhaltenen, ebenfalls gotischen Kreuzgang heute Konzerte statt. Seit 2006 informiert zudem die modern gestaltete Ausstellung des **Zisterzienser-Museums** über das klösterliche Leben sowie Methoden und Prinzipien des Zisterzienserordens (Steinweg 4a, Walkenried, Tel.: 0 55 25 / 9 59 90 64, www.klosterwalkenried.de, Di bis So 10–17 Uhr, Eintritt 5 €).

▶ *Ruine der Klosterkirche Walkenried.*

ESSEN & TRINKEN

✗ *Nudelspezialitäten*

M & R Nudelmanufaktur
Steinstraße 1, Bad Sachsa
Tel.: 0 55 23 / 95 37 62
www.nudelmanufaktur-badsachsa.de
Verschiedene hausgemachte Nudeln, mediterran und nach regionaler Küche zubereitet. Mo Ruhetag.

✗ *Ausflugslokal*

Berghof Ravensberg
Ravensberg, Bad Sachsa
Tel.: 0 55 23 / 95 38 95
www.berghof-ravensberg.de
Schöne Gaststätte auf dem Ravensberg mit kleiner, aber feiner Karte und herrlichem Ausblick.
Mi Ruhetag.

✗ *Für Feinschmecker*

Restaurant La Vida
im Best Western Premier Vital
Hotel Bad Sachsa
Am Kurpark 1–3, Bad Sachsa
Tel.: 0 55 23 / 9 43 80
www.vitalhotel.de
Freundliches und helles Restaurant im Wintergarten des Hotels mit gehobener Küche. Täglich geöffnet.

✗ *Für Fleischliebhaber*

Mende's Restaurant
Das Steakhaus im Harz
Schulstraße 12, Bad Sachsa
Tel.: 0 55 23 / 37 18
www.steakhaus-mende.de
Steaks in allen Variationen von T-Bone über Rib-Eye- bis zum Rumpsteak sowie Fisch- und Wildgerichte. Täglich geöffnet.

SÜDRAND IV

✗ *Einmalig*
**Fannys Harzer Schnitzelhaus –
Restaurant Zum Kachelofen
und Fannys Harzer Waffelbäckerei**
Schützenstraße 13, Bad Sachsa
Tel.: 0 55 23 / 93 20 00
www.fannys.de
Schnitzel und Waffeln in allerlei Variationen unter einem Dach. Über 30 Schnitzelkreationen im Schnitzelhaus und 100 Waffelvariationen von süß bis deftig sowie hausgebackene Kuchen und Torten in der Waffelbäckerei. Täglich geöffnet.

✗ *Asiatisches*
Viet-Thai-China Restaurant
Uffestraße 4, Bad Sachsa
Tel.: 0 55 23 / 78 59
www.viet-thai-china.de
Günstiger Mittagstisch und exotische Spezialitäten von der heißen Platte. Täglich geöffnet.

HARZFALKENHOF

Der Harzfalkenhof beherbergt ca. 80 Greifvögel, Adler, Geier, Falken, Eulen und andere Arten. Bei Flugvorführungen (Mai–Okt. täglich um 11 und 15 Uhr) kann man die Falken und Adler beim Flug über die Köpfe der Besucher hinweg beobachten.

Harzfalkenhof
Auf dem Katzenstein, Bad Sachsa
Tel.: 0 55 23 / 32 91
www.harzfalkenhof.npage.de
März–Okt. täglich 10–17 Uhr geöffnet, im Herbst/Winter nach telefonischer Voranmeldung, Erwachsene 5 €, Kinder bis 14 Jahre 3 €.

SPORT & FREIZEIT
Salztal-Paradies
Talstraße 28, Bad Sachsa
Tel.: 0 55 23 / 95 09 02
www.salztal-paradies.de
Erlebnisbad tgl. 9–22 Uhr, Tageskarte Erwachsene 10,90 €, Kinder ab 4 J. 8,30 €, Eislaufhalle auch im Sommer geöffnet.
Im Salztal-Paradies bieten ein Erlebnisbad mit Innen- und Außenbereich, ein Bowlingcenter, eine Tennishalle und eine Eislaufhalle Freizeitvergnügen vom Feinsten.

MIT KINDERN UNTERWEGS
Märchengrund Bad Sachsa
Katzentalstraße 3, Bad Sachsa
Tel.: 0 55 23 / 34 34
April bis Okt. 10–17 Uhr, 20. Dez. bis März 10–16 Uhr, Erwachsene 2 €, Kinder 1 €.
Der 1910 eröffnete Märchenpark zählt in Deutschland zu den ältesten seiner Art. Szenen aus berühmten Märchen werden hier mit elektrisch betriebenen Figuren nachgestellt.

SERVICEINFO
Tourist-Information Bad Sachsa
Am Kurpark 6, 37441 Bad Sachsa
Tel.: 0 55 23 / 47 49 90
www.bad-sachsa.de

▶ NORDHAUSEN
44.100 Einwohner (S. 188, A4)

Mit rund 44.000 Einwohnern ist Nordhausen neben Goslar nicht nur eine der beiden größten Städte des Harz, sondern auch die einzige städtische Ansiedlung des thüringischen

Harz. Obwohl die Domstadt am Ende des Zweiten Weltkrieges durch das Bombardement der alliierten Luftstreitkräfte zu über 80 Prozent zerstört wurde, verfügt sie über viele, zum Großteil nach dem Krieg wieder aufgebaute historische Bauwerke.

Der Ursprung Nordhausens geht auf eine im 8. Jh. gegründete Siedlung zurück, auf deren Gebiet der spätere ostfränkische König Heinrich I. im Jahre 910 eine Burg und einen Königshof erbauen ließ. Ähnlich wie in Quedlinburg wandelte Heinrichs Ehefrau Mathilde nach dessen Tod auch die Nordhäuser Burg zu einem Frauenkloster um. Der heutige **Dom zum Heiligen Kreuz** ist ein Nachfolgebau der ersten Klosterkirche, die um 1180 während einer Fehde zwischen Heinrich dem Löwen und Friedrich Barbarossa zerstört wurde. Während die ältesten Teile des Kirchengebäudes (Krypta und untere Teile der Türme) noch im romanischen Stil gestaltet wurden, ist der Dom in seiner heutigen Form zum Großteil ein Werk der Hoch- und Spätgotik.

Mit der Ernennung zur freien Reichsstadt im Jahre 1220 durch Kaiser Friedrich II. begann die Entwicklung Nordhausens zu einer blühenden Bürger- und Handelsstadt. Ausdruck der bürgerlichen Freiheit und Wahrzeichen der Stadt ist bis heute die **Rolandsstatue**, die, mit Schwert und Reichsadler bewaffnet, an der Westseite des Alten Rathauses steht. Sowohl das Rathaus als auch der Roland stammen ursprünglich aus dem Mittelalter, wurden in der Frühen Neuzeit jedoch beide durch Neubauten bzw. Nachbildungen ersetzt. Im Stadtbild auffallend sind auch die beiden riesigen Kornflaschen bei der Nordbrand Nordhausen GmbH. Hier wird die lange Tradition der Nordhäuser Branntwein-Produktion deutlich. In der **Nordhäuser Traditionsbrennerei**, der letzten traditionellen Brennerei, kann man bei einer Führung (inklusive Verkostung) mehr über die Geschichte und Kunst des Brennens erfahren (Grimmelallee 11, Tel.: 0 36 31 / 99 49 70, www.traditionsbrennerei.de, Mo bis Sa 10–16 Uhr, Führungen jeweils um 14 Uhr, Erwachsene 5 €, ermäßigt 3 €, mit Hofladen).

Einblick in das dunkelste Kapitel der jüngeren deutschen Geschichte gewährt die **Gedenkstätte Dora** im Nordwesten der Stadt (Kohnsteinweg 20, Tel.: 0 36 31 / 4 95 80, www.dora.de, März bis Okt. 10–18 Uhr, Nov. bis Feb. 10–16 Uhr, freier Eintritt). Um sie vor den Luftangriffen der Alliierten zu schützen, verlegten die Nazis die Produktion der V1- und V2-Raketen 1943 von Peenemünde in das unterirdische Stollensystem von Kohnstein. Als Außenstelle des KZ Buchenwald richteten sie neben der Produktionsstätte das Konzentrationslager Mittelbau-Dora ein, in dem bis 1945 über 60.000 Zwangsarbeiter interniert waren. Mehr als ein Viertel von ihnen starb im Lager.

SÜDRAND IV

Die Gedenkstätte dokumentiert und erinnert an die schrecklichen Geschehnisse.

ESSEN & TRINKEN
Ausflugs- und Galerie-Café
Café-Restaurant Felix
Barfüßerstraße 12–13, Nordhausen
Tel.: 0 36 31 / 60 22 00
www.felix-nordhausen.de
Durchgehend warme Küche, große kulinarische Auswahl, sonntags Frühstücksbrunch. Täglich geöffnet.

Kreative Küche
Café Restaurant Rosengarten
Dr.-Robert-Koch-Str. 1, Nordhausen
Tel.: 0 36 31 / 46 56 18
www.rosengarten-nordhausen.de
Die Küche des Rosengartens verbindet saisonale Spezialitäten mit Elementen verschiedener internationaler Einflüsse zu innovativen Gerichten. Mo Ruhetag.

Mit Biergarten
Hotel Restaurant „Zur Hoffnung"
Neuer Weg 34, 99735 Werther
Tel.: 0 36 31 / 60 12 16
www.hotel-zur-hoffnung.de
Im 5 km entfernten Werther serviert die Küche des Hotel-Restaurants thüringische Hausmannskost in rustikaler Atmosphäre. Tgl. geöffnet.

Familiär
Waldhaus Obergrasmühle
Obergrasmühle 1, 99735 Leimbach
Tel.: 0 36 31/ 89 45 55
www.obergrasmuehle.de
Knapp 10 km östlich von Nordhausen, kann man im Waldhaus gemütlich einkehren. Gutbürgerliche Küche. Täglich geöffnet.

SPORT & FREIZEIT
Badehaus Nordhausen
Grimmelallee 40, Nordhausen
Tel.: 0 36 31 / 4 79 90
www.badehaus-nordhausen.de
Das im Jahre 1907 im Jugendstil errichtete Badehaus wurde 2001 zum Erlebnisbad mit Gesundheitsbad und Sauna ausgebaut. Mo bis Fr 8–22 Uhr, Sa und So 9–22 Uhr, Tageskarte Erwachsene 10 €, Kinder über 100 cm bis 14 J. 6,50 €.

Höhle Heimkehle
Heimkehle 1, 06536 Uftrungen
Tel.: 03 46 53 / 3 05
www.hoehle-heimkehle.de
Die 2 km lange Heimkehle bei Uftrungen ist Deutschlands größte Gipshöhle. Sie entstand durch die für die Karstlandschaft des Südharz typischen Gesteinauswaschungen und ist auf 750 m für Besucher geöffnet. Während der Führung, die auf thüringischem Gebiet beginnt, wird unterirdisch die Grenze zu Sachsen-Anhalt überschritten.
April bis Sept. 10–17 Uhr, Okt. bis März 11–16 Uhr. Mo geschlossen, Eintritt 5 €.

Nordhäuser Reptilienzoo
Hallesche Straße 20, Nordhausen
Tel.: 0 36 31 / 90 24 30
www.zoo-nordhausen.de
Neben Reptilien wie Krokodilen, Schlangen und Schildkröten besitzt

IV UNTERWEGS IM HARZ

der Zoo heute auch Lamas, Affen, Nasenbären und Vogelspinnen. Tgl. 10–18 Uhr, Erwachsene 7 €, Kinder 4–14 Jahre 4 €.

ABENDGESTALTUNG
Theater Nordhausen
Käthe-Kollwitz-Str. 15, Nordhausen
Tel.: 0 36 31 / 62 60-0
www.theater-nordhausen.de
Das Stadttheater besteht seit 1917 und zeigt Musiktheater, Ballett, Schauspiel und Konzerte.
Theaterkasse: Di bis Fr 10–18:30 Uhr, Sa 16–18:30 Uhr, Tel.: 0 36 31 / 98 34 52.

SERVICEINFO
Stadtinformation Nordhausen
Markt 1
99734 Nordhausen
Tel.: 0 36 31 / 69 67 97
www.nordhausen.de

▶ SANGERHAUSEN
21.300 Einwohner   (S. 189, D4)

Am südöstlichen Rand des Harz liegt mit Sangerhausen ein ehemaliges Zentrum des Silber- und Kupferbergbaus. Seit der Aufgabe des Bergbaus im Jahr der Deutschen Wiedervereinigung 1990 hat Sangerhausen mit einer massiven Emigration zu kämpfen. So ist seine Einwohnerzahl in den letzten 20 Jahren von 32.700 um gut ein Drittel auf 21.300 gesunken. Während es Rosenliebhaber vor allem wegen des Europa-Rosariums in die Stadt zieht, kommen andere Gäste, um die hübsche Altstadt zu besichtigen.

Sangerhausen entwickelte sich aus einer Siedlung, die ab 1116 um die **Stiftskirche St. Ulrich** entstand. Die romanische Pfeilerbasilika gehörte ursprünglich zu einem Zisterzienserkloster und ist heute das älteste Gebäude der Stadt. In der Mitte der Altstadt befindet sich der Marktplatz, der von zahlreichen alten Bürgerhäusern gesäumt wird. Während das Alte Rathaus im Stil der Spätgotik den Marktplatz im Osten begrenzt, steht der dreigeschossige, aus dem 17. Jh. stammende Renaissancebau des **Neuen Schlosses** an der Südseite des Platzes.

Bis sie Anfang des 19. Jh. durch die Truppen Napoleon Bonapartes vertrieben wurden, diente das Schloss den Herzögen von Sachsen-Weißenfels als Residenz. Heute ist hier das Amtsgericht untergebracht. Das alte Schloss dagegen wurde bereits im 13. Jh. als Befestigungsanlage erbaut und beherbergt heute eine Musikschule am Rande der Altstadt. Einzigartig ist das **Europa-Rosarium**, das sich östlich der Altstadt auf einer Fläche von 12,5 ha ausbreitet. In dem 1903 gegründeten Rosengarten wachsen knapp 8.000 verschiedene Rosenarten, von denen 500 Wildrosenarten sind. Damit besitzt das Rosarium die größte Rosensammlung der Welt. Bewundern kann man die farbenprächtigen Blumen, zu denen u. a. auch grüne Rosen gehören, während ihrer Blütezeit von April bis Oktober (Am Rosengarten 2a, Tel.:

0 34 64 / 57 25 22, www.europa-rosarium.de, Juni bis Aug. 8–20 Uhr, Mai und Sept. 8–19 Uhr, April bis Okt. 10–18 Uhr, Erwachsene zwischen 2,50 und 8 €, Kinder 1,50–3 €, Preise je nach Saison und Blütenstand).

Im Norden der Stadt steht mit dem 1952 eingeweihten **Spengler-Museum** der erste Museumsneubau der DDR. Es zeigt die sehenswerte Sammlung des Sangerhäuser Heimatforschers Gustav Adolf Spengler, zu der u. a. das Skelett eines eiszeitlichen Mammuts gehört (Bahnhofstraße 33, Tel.: 0 34 64 / 57 30 48, www.spengler-museum.de, Di bis So 13–17 Uhr, Erwachsene 2 €, Kinder ab 6 Jahren 1 €).

Ausflugsziele

Wie der Arbeitsplatz vieler Einwohner der Gegend rund um Sangerhausen in der Vergangenheit aussah, kann man sich im 6 km nördlich der Stadt gelegenen Dorf Wettelrode ansehen. Dort informiert das **Bergbaumuseum Röhrigschacht** über die Entstehung der Kupferflöze im Südharz und die Geschichte des Bergbaus. Im Schaubergwerk geht es mit einem Förderkorb 283 m tief in den Berg hinein (Tel.: 0 34 64 / 58 78 16, www.roehrig-schacht.de, Juni–Aug. Di bis So 9:30–17 Uhr, Sept.–Mai nur Mi bis So, Erwachsene 2,50 €, Kinder 5–14 Jahre 1,50 €).

Ein beliebtes Ausflugsziel ist die 20 km entfernte **Lutherstadt Eisleben.** Sowohl das Geburts- als auch das Sterbehaus von Martin Luther stehen auf der UNESCO-Weltkulturerbeliste und erinnern an den berühmten Reformator (Geburtshaus: Lutherstraße 15, Tel.: 0 34 75 / 7 14 78 14, www.martinluther.de, April–Okt. tgl. 10–18 Uhr, Nov.–März Di bis So 10–17 Uhr, Erwachsene 4 €, ermäßigt 2,50 €, Sterbehaus bis Sept. 2012 geschlossen).

ESSEN & TRINKEN

✕ *Gemütliche Atmosphäre*
Restaurant Zum Herrenkrug
Riestedter Str. 37, Sangerhausen
Tel.: 0 34 64/ 57 35 14
Das Restaurant gegenüber dem Rosengarten serviert in der Gaststube mit Kachelofen und der rustikalen Bierstube Gerichte der gutbürgerlichen Küche. Täglich geöffnet.

✕ *Kaffeehaus mit Tradition*
Konditorei-Kaffeehaus Kolditz
Bahnhofstraße 44, Sangerhausen
Tel.: 0 34 64 / 57 23 97
www.kaffee-kolditz.de
Das denkmalgeschützte Kaffeehaus Kolditz im Stil eines Wiener Kaffeehauses ist das älteste in Sangerhausen und wird bereits in der fünften Generation geführt. Sa und So Ruhetag.

✕ *Vielfältiges Speisenangebot*
Restaurant Pension „Rüssel-Pub"
Wilhelm-Koenen-Straße 57a
Sangerhausen
Tel.: 0 34 64 / 52 19 00
www.ruessel-pub.de

IV UNTERWEGS IM HARZ

Saisonale und internationale Spezialitätenwochen mit irischen, amerikanischen und australischen kulinarischen Angeboten. Das gemütliche Kaminzimmer und der Biergarten bieten einen tollen Blick zum Kyffhäuser. Täglich geöffnet.

Idyllische Lage
Hotel Restaurant „Wippraer Hof"
Anger 8, 06543 Wippra
Tel.: 03 47 75 / 71-0
Harzer Wildgerichte sind die Spezialität des Wippraer Hofs. Schöne Terrasse mit Blick auf den Park. Fr–So geöffnet.

SPORT & FREIZEIT
Wippraer Rodelbahn
Am Wolfstal (Ortseingang Wippra)
06543 Wippra
Tel.: 03 47 75 / 2 01 60
www.wippra-harz.de/rodelbahn
Mitte März–Ende Okt. tgl. 10–18 Uhr, Einzelfahrt Erwachsene 2 €, Kinder bis 12 Jahre 1,50 €.
Auf dem Gelände der Sommerrodelbahn im kleinen, nördlich von Sangerhausen gelegenen Wippra gibt es u. a. einen Kletterfelsen, einen Streichelzoo und einen Abenteuerspielplatz.

MIT KINDERN UNTERWEGS
Schulbauernhof Othal
Othal Hof 1–3, 06542 Allstedt
Tel.: 0 34 64 / 27 92 09
www.schulbauernhof-othal.de
Der Schulbauernhof im idyllischen Weiler Othal bietet ein breites Angebot an Aktivitäten wie beispielsweise Ponyreiten sowie Kinderbetreuung. Vorherige Anmeldung notwendig.

SERVICEINFO
Tourist-Information Sangerhausen
Markt 18
06526 Sangerhausen
Tel.: 0 34 64 / 1 94 33
www.sangerhausen-tourist.de

▶ KYFFHÄUSER
(S. 188, C5)

Südlich des Harz erstreckt sich das etwa 70 km² umfassende und größtenteils bewaldete sagenumwobene Kyffhäusergebirge. Einer Sage nach nämlich schläft Kaiser Friedrich I., genannt Barbarossa, mitsamt seinem Hofgesinde in einer Höhle des Kyffhäusergebirges und wartet darauf, bis sein Reich ihn wieder braucht. Weithin sichtbar ist das insgesamt 81 m hohe, monumentale **Kyffhäuserdenkmal**, das Ende des 19. Jh. zu Ehren Kaiser Wilhelms I. erbaut wurde. Der Sage nachempfunden sitzt der in Sandstein gemeißelte Barbarossa in einem Steinbruch an der Ostseite des Denkmals. Den Hauptteil des Monuments macht der 57 m hohe Turm aus, dessen Ende eine Kaiserkrone ziert. Nach Überwinden der 247 Stufen im Inneren hat man von der Turmkuppel aus einen hervorragenden Rundumblick. Das Denkmal befindet sich in nächster Nähe zu den Ruinen der Reichsburg Kyffhausen aus dem 11. Jh. Besonders beeindruckend ist hier der 176 m

SÜDRAND IV

tiefe Burgbrunnen, der als tiefster Burgbrunnen der Welt gilt. Auf dem Areal befindet sich zudem ein Museum, das sich mit der Reichsburg und der Kyffhäusersage beschäftigt und zahlreiche Ausgrabungsfunde zeigt (Tel.: 03 46 51 / 27 80, www.kyffhaeuser-denkmal.de, April–Okt. 9:30–18 Uhr, Nov.–März 10–17 Uhr, Erwachsene 6 €, ermäßigt 3 €). Zu Füßen des Kyffhäuserdenkmals, am Nordrand des Gebirges, breitet sich die **Königspfalz Tilleda** aus. Die Anlage gilt als Musterbeispiel einer mittelalterlichen Herrschaftsresidenz und kann heute als Freilichtmuseum besichtigt werden (06537 Tilleda, Tel.: 03 46 51 / 9 02 68, www.pfalz-tilleda.de, April–Okt. tgl. 10–18 Uhr, Nov. und März tgl. 10–16 Uhr, Erw. 4 €, Kinder bis 14 Jahre 3 €).

Ein „sagenhaftes" Erlebnis verspricht auch ein Besuch der **Barbarossahöhle** am südwestlichen Rand des Kyffhäuser. Riesige Hohlräume, bizarre Gebilde, die von der Decke hängen, klare Seen und Grotten scheinen wie geschaffen für eine Residenz Barbarossas, der in den Tiefen der Höhle an einem Tisch sitzen soll – je nach Vorstellungskraft der Besucher. Eine Besichtigung von Europas einziger Schauhöhle im Anhydritgestein ist nur im Rahmen einer Führung möglich (Beginn stündlich) (Tel.: 03 46 71 / 5 45 13, www.hoehle.de, April–Okt. tgl. 10–17 Uhr, Nov.–März Di bis So 10–16 Uhr, Erwachsene 7,50 €, Kinder 3–16 Jahre 4 €).

Bad Frankenhausen

Einige Kilometer weiter östlich lohnt die Kurstadt **Bad Frankenhausen** einen Besuch. Am Nordrand der heute 9.000 Einwohner zählenden Stadt fand im Mai 1525 die Entscheidungsschlacht des Bauernkrieges statt. Viele Tausend Bauern ließen damals ihr Leben. Diesem Thema nahm sich der Leipziger Künstler Werner Tübke an und schuf in den 1980er Jahren mit dem Gemälde „Frühbürgerliche Revolution in Deutschland" ein Kunstwerk von überragender Größe, das im **Panorama-Museum** zu bewundern ist. Das 14 m hohe und 123 m lange Kunstwerk mit über 3.000 Einzelfiguren zählt zu den größten und figurenreichsten Gemälden der neueren Kunstgeschichte (Am Schlachtberg 9, Tel.: 03 46 71 / 61 90, www.panorama-museum.de, Nov.–März Di bis So 10–17 Uhr, April–Okt. Di bis So 10–18 Uhr, Erw. 5 €, Kinder 2 €). In dem Kurort beeindruckt zudem die Oberkirche bzw. deren schiefer Turm, der mittlerweile um knapp 4,50 m aus dem Lot geraten ist. Wanderbegeisterte können die Highlights des Kyffhäusergebirges auf dem knapp 37 km langen **Kyffhäuserweg** entdecken (siehe S. 182).

SERVICEINFO
Tourismusverband Kyffhäuser e.V.
Anger 14
06567 Bad Frankenhausen
Tel.: 03 46 71 / 71 70
www.kyffhaeuser-tourismus.de

IV UNTERWEGS IM HARZ

Oberharz
Im Land der Erze

Der westliche Teil des Harz wird auch Oberharz genannt. Jahrhundertelang war die Region ein Zentrum des Bergbaus, dessen Spuren man hier auf Schritt und Tritt begegnet. Im Oberharz befinden sich auch die höchsten Gipfel des Gebirges. Ein Großteil der sie umgebenden Landschaft wird heute durch den Nationalpark Harz geschützt.

▶ GOSLAR-HAHNENKLEE

1.800 Einwohner   (S. 186, C2)

Der etwa 16 km südlich von Goslar gelegene heilklimatische Kurort Hahnenklee-Bockswiese liegt auf einem sonnigen Hochplateau und ist der ideale Ferienort für Groß und Klein. Umgeben von Teichen der Oberharzer Wasserwirtschaft, welche als Ergänzung zum bestehenden Weltkulturerbe „Erzbergwerk Rammelsberg und Altstadt Goslar" von der UNESCO aufgenommen wurde, befindet sich ein **Liebesbankweg**. Dieser 7 km lange Rundwanderweg ist der erste Premiumwanderweg im Harz und in Niedersachsen und lädt zum Verweilen und Genießen ein. Die **Stabkirche,** das Wahrzeichen Hahnenklees, ist eine einzigartige, nach norwegischem Vorbild erbaute Kirche aus Holz (Prof.-Mohrmann-Weg 1, Tel. Pfarrbüro: 0 53 25 / 23 78, www.stabkirche.de).

Der **Bikepark**, Deutschlands nördlichste Bike-Attraktion, lockt Mountainbiker von nah und fern (siehe unter Sport & Freizeit). Im Winter verwandelt sich der Bocksberg in ein Schneeparadies mit verschiedenen Pisten, Liften und einer 1.500 m langen Rodelbahn (Talstation Seilbahn: Rathausstraße 6, Tel.: 0 53 25 / 25 76, www.erlebnisbocksberg.de, Mitte

April–Okt. täglich 9:15–17:15 Uhr, Mitte Dez.–Mitte April täglich 8:45–16:45 Uhr).

▶ *Der komplett aus Holz bestehende Bau der Stabkirche Hahnenklee ist in Deutschland einmalig.*

ESSEN & TRINKEN

✗ *Italienisch*
Piccolo Mondo
Kurhausweg 1, Goslar-Hahnenklee
Tel. 0 53 25 / 29 95
Kleines Restaurant im Zentrum von Hahnenklee. Leckere Pasta. Täglich geöffnet.

🛌✗ *Familiäre Atmosphäre*
Hotel Café Steffens
Kurhausweg 6, Goslar-Hahnenklee
Tel.: 0 53 25 / 25 35
www.steffens-hotel.de
Selbstgemachte Kuchen und Torten und eine gute regionale Küche aus marktfrischen Zutaten. Di Ruhetag.

🛌✗ *Idyllische Lage*
Waldseeschänke
Kreuzeck 5, Goslar-Hahnenklee
Tel.: 0 53 25 / 52 80 88
Am oberen Grumbacher Teich gelegen, bietet die Waldseeschänke auf dem Campingplatz „Am Kreuzeck" deutsche Küche zu vernünftigen Preisen. Di Ruhetag.

SPORT & FREIZEIT
Bikepark Hahnenklee
Rathausstraße 6, Goslar-Hahnenklee
Tel.: 0 53 25 / 25 76
www.bike-park-hahnenklee.de
Der Bikepark erstreckt sich über die Nordostflanke des Bocksberges bei Hahnenklee. Vom Gipfel führen sieben spannende Trails ins Tal. Öffnungszeiten wie Seilbahn (siehe links).

SERVICEINFO
Tourist-Information Hahnenklee
Kurhausweg 7
38644 Goslar-Hahnenklee
Tel.: 0 53 25 / 5 10 40
www.hahnenklee.de

▶ LAUTENTHAL

2.300 Einwohner   (S. 186, B2)

Der heutige Luftkurort im Innerstetal wurde im 16. Jh. als Bergmannsiedlung gegründet. Nicht nur die verzierten Fassaden der historischen Gebäude, auch **„Lautenthals Glück", historische Silbergrube und Bergbaumuseum,** erinnert daran. Das Bergwerk zählt zu den ältesten noch befahrbaren Gruben des Oberharz. Weltweit einzigartig ist die Erzkahnschifffahrt unter Tage (Wildemanner Straße 15–21, Tel.: 0 53 25 / 44 90, www.lautenthalsglueck.de, täglich 10–17 Uhr, Erw. 9 €, Kinder bis 15 Jahre 5 €).

IV UNTERWEGS IM HARZ

ESSEN & TRINKEN

✕ *Die Schnitzelexperten*
Harzer Schnitzelkönig XXXL
Wildemanner Straße 9, Lautenthal
Tel.: 0 53 25 / 5 88 79 70
www.harzer-schnitzelkoenig.de
Beim Schnitzelkönig wird garantiert jeder satt. Auswahl zwischen fünf Portionsgrößen. Das original Harzer Schnitzelkönig-Schnitzel hat sich bereits überregional einen Namen gemacht. Di Ruhetag.

✕ *Wandergaststätte*
Maaßener Gaipel
Am Maaßener Gaipel, Lautenthal
Tel.: 0 53 25 / 52 87 44
Deftige Harzer Küche in regionaltypischer rustikaler Atmosphäre. Mai–Sept. täglich geöffnet, sonst Di Ruhetag.

SERVICEINFO

Touristinformation Lautenthal
Kaspar-Bitter-Straße 7b
38685 Lautenthal
Tel.: 0 53 25 / 44 44
www.lautenthal.de

▶ CLAUSTHAL-ZELLERFELD

14.600 Einwohner   (S. 186, C2)

Auf halber Strecke zwischen Goslar und Osterode liegt die ehemalige Bergbaustadt Clausthal-Zellerfeld auf einer Höhe von 560 m ü. NN. Während alle anderen größeren Städte des Harz am Gebirgsrand liegen, ist Clausthal-Zellerfeld mit knapp 15.000 Einwohnern der einzige Ort seiner Größe, der komplett vom Gebirge umschlossen wird. Bis zu ihrem Zusammenschluss im Jahre 1924 waren Clausthal und Zellerfeld zwei eigenständige Städte und wurden zu den sieben Oberharzer Bergstädten gerechnet. Zellerfeld ist die ältere der beiden Teilstädte und geht auf das im Jahre 1150 gegründete Benediktinerkloster Cella zurück. Bedingt durch den großen Bedarf an Brennholz zur Verhüttung der Erze aus dem Goslarer Rammelsberg entstanden im waldreichen Gebiet rund um das Kloster schon bald die ersten Eisenhütten. Durch die Entdeckung von Silber expandierte die Erzverarbeitung sogar noch, kam aber durch die Pest im 14. Jh. wieder zum Erliegen. Eine zweite Blüte erlebte Zellerfeld, als ihm 1532 die Bergfreiheit verliehen wurde und es sich zu einem bedeutenden Bergbauzentrum entwickelte. Ins 16. Jh. fällt auch die Gründung von Clausthal, das 1554 ebenfalls zur bergfreien Stadt erklärt wurde. Da Zellerfeld nach einem Großbrand 1672 im barocken Schachbrettmuster wieder aufgebaut wurde, unterscheidet sich seine Baustruktur auch heute noch deutlich von der Clausthals. Nachdem die Erzgruben Clausthals im 17. und 18. Jh. als die bedeutendsten Bergwerke des Oberharz galten, kam der Bergbau in den 1920er Jahren schließlich zum Erliegen.

Im Zentrum Clausthals steht mit der **Marktkirche** die größte Holzkirche Europas. Das 1637 erbaute Gebäude ist 22 m breit und bietet Sitzplätze für 2.200 Menschen. Ebenfalls in Clausthal befindet sich das **Geomuseum der Technischen Universität Clausthal** (Adolph-Roemer-Straße 2a, Tel.: 0 53 23 / 72 27 37, geomuseum.tu-clausthal.de, Di bis Fr 9:30–12:30 Uhr, Do 14–17 Uhr, So 10–13 Uhr, Erwachsene 1,50 €, ermäßigt 1 €). Mit über 120.000 Ausstellungsstücken zählt die mineralogische Sammlung des Museums zu den weltweit größten ihrer Art. In Zellerfeld befindet sich schon seit 1892 das älteste Technikmuseum Niedersachsens, das **Oberharzer Bergbaumuseum** (Bornhardtstr. 16, Tel.: 0 53 23 / 9 89 50, www.bergwerksmuseum.de, tgl. 10–17 Uhr, Erwachsene 5 €, Kinder 2,50 €). Neben den Mineralien des Oberharz werden hier viele große und kleine Gegenstände aus dem Alltag der Bergleute ausgestellt. Während in einem 250 m langen Besucherstollen gezeigt wird, wie die Bergarbeit aussah, verdeutlicht ein Reliefmodell die Funktionsweise des sogenannten **Oberharzer Wasserregals**. Dieses einzigartige System aus Kanälen, Teichen und unterirdischen Wasserleitungen durchzieht den Oberharz auf einer Gesamtlänge von 600 km und diente dazu, die mühlradartigen Antriebsräder der Aufzüge und Pumpen unter Tage mit Wasser zu versorgen. Seit 2010 zählt das zwischen 1534 und 1864 erbaute Oberharzer Wasserregal, zu dem auch die zahlreichen kleinen und größeren Teiche rund um Clausthal-Zellerfeld gehören, zum UNESCO-Weltkulturerbe.

ESSEN & TRINKEN

Im Zentrum von Clausthal
Café Restaurant Steiger
Kronenplatz 3, Clausthal-Zellerfeld
Tel.: 0 53 23 / 93 00
www.steiger-clausthal.de
Das exquisite Café-Restaurant gehört zum Hotel Goldene Krone. Gehobene Küche mit Stern aber moderaten Preisen. Tgl. geöffnet.

▶ *Teil des Oberharzer Wasserregals.*

IV UNTERWEGS IM HARZ

Am Harzer-Hexen-Stieg
Waldhotel Pixhaier Mühle
An der Pixhaier Mühle 1
Clausthal-Zellerfeld
Tel.: 0 53 23 / 22 15 u. 9 38 00
www.pixhaier-muehle.de
Südlich von Clausthal-Zellerfeld in der Nähe des Campingplatzes Prahljust, umgeben von Teichen, Wald und Wiesen. Abwechslungsreiche Harzer Küche und saisonale Gerichte. Tgl. geöffnet, Nov. geschlossen, Dez.–Frühjahr nur Fr–So.

Beim Waldsee
Gasthaus „Zum Ferienpark"
Mönchstalweg 30
Clausthal-Zellerfeld
Tel.: 0 53 23 / 8 16 61
www.ferienpark.harz.de
Sehr umfangreiche Speisekarte. Beliebt ist der Steakabend (immer dienstags) mit einer großen Auswahl zu günstigen Preisen.
Mi und Do Ruhetag.

Freundliches Ambiente
Steakhouse im Zellerfelder Hof
Marktstraße 13, Clausthal-Zellerfeld
Tel.: 0 53 23 / 37 45
www.zellerfelder-hof.de
Nicht nur leckere Steaks kann man im Steakhouse genießen, sondern auch eine breite Auswahl an Salaten und kleineren Gerichten.
Di Ruhetag.

SPORT & FREIZEIT
Kunsthandwerkerhof und Glashütte
Bornhardtstraße 11
Clausthal-Zellerfeld
Tel.: 0 53 23 / 8 36 38
www.glasblaeserei.de
Auf dem Hof der ehemaligen Zellerfelder Münze befindet sich heute ein Kunsthandwerkerhof mit Holz- und Glasspielerei. Auch ein Café ist hier untergebracht. In der Glashütte nebenan kann man bei einer Führung mitverfolgen, wie die unterschiedlichen Formen und Farben von Gläsern entstehen.

SERVICEINFO
Tourist Information
Bergstraße 31
38678 Clausthal-Zellerfeld
Tel.: 0 53 23 / 8 10 24
www.oberharz.de

▶ BAD GRUND
2.400 Einwohner (S. 186, B2)

Das im Westen des Oberharz gelegene Bad Grund ist eine der sieben historischen Oberharzer Bergstädte. Erstmals urkundlich erwähnt wurde die Stadt 1317 als Waldarbeitersiedlung unterhalb des Ibergs. Bereits wenige Jahrzehnte später hatte sich der Ort zu einem bedeutenden Bergbauort entwickelt, in dem neben Eisenerz auch Silber abgebaut wurde. Noch vor der Schließung des letzten Erzbergwerks im Jahre 1885 begann der Kurbetrieb in Bad Grund. Dank seiner Sole- und Moorbäder darf sich der Ort seit 1855 Heilbad nennen. Heute kommen alljährlich rund 10.000 Kurgäste nach Bad Grund, um die Heilkräfte der Bäder zu nutzen. Viele Gäste besuchen

OBERHARZ IV

die Stadt jedoch auch wegen ihres ansehnlichen Ortskerns mit seinem hübschen Fachwerkensemble rund um den Marktplatz.

Eine der meistbesuchten Sehenswürdigkeiten des ganzen Harz ist die **Iberger Tropfsteinhöhle** im Norden der Stadt am Fuße des gleichnamigen Berges. Von dem insgesamt 8 km langen Höhlensystem, das über Jahrmillionen hinweg durch Regenauswaschungen im Kalkstein des Ibergs entstand, sind etwa 150 m für Besucher geöffnet. Durch metallische Ablagerungen schillern die Stalaktiten und Stalagmiten der Höhle in den buntesten Farben. Die Höhle ist Teil des **Höhlenerlebniszentrums**, zu dem auch die beiden Museen „am Berg" und „im Berg" gehören. Während das „Museum am Berg" Funde aus einer 3.000 Jahre alten Begräbnisstätte in der Höhle Lichtenhagen zeigt, informiert das „Museum im Berg" über die Geologie des Ibergs (Tel.: 0 53 27 / 82 93 91, www.hoehlenerlebnis-zentrum.de, Juli, Aug. und Okt. tgl. 10–17 Uhr, Nov.–Juni und Sept. Mo geschlossen, Erw. 7 €, Kinder 6–16 Jahre 6 €).

Nordöstlich von Bad Grund liegt mit **Wildemann** die kleinste der sieben historischen Bergstädte. Aufgrund ihrer schönen Lage im engen Innerstetal und den alljährlich zu Pfingsten und im Herbst stattfindenden Viehtrieben zu bzw. von den Weiden rund um die Stadt wird der Ort scherzhaft auch „Klein Tirol" genannt. In Wildemann, das seit 1967 ein staatlich anerkannter Kneippkurort ist, befindet sich der Eingang zu einer der eindrucksvollsten Bergbauanlagen des Oberharz. Der 36 m hohe und 8,8 km tiefe 19-Lachter-Stollen entstand von 1551–1690 in mühsamer Arbeit mit Schlägel und Eisen und diente zur Entwässerung des höher gelegenen Erzbergwerks. Heute ist der Stollen auf einer Länge von 500 m als **Besucherbergwerk** für

FÖRSTERSTIEG

60 km lang führt der Försterstieg durch die abwechslungsreiche Landschaft des Harz. Auf insgesamt zehn Informationstafeln lernen Wanderer viel Wissenswertes rund um die Themen Wälder und Biotope, den historischen Bergbau in der Region, die Wassernutzung und der Hochwasserschutz. Von Goslar führt der Weitwanderweg in einem großen Bogen nach Wolfshagen und vorbei an den Bergbaustädten Lautenthal, Wildemann und Bad Grund weiter zu den aussichtsreichen Hochflächen bei Clausthal-Zellerfeld. Im weiteren Wegverlauf passiert man die Orte Buntenbock und Lerbach und erreicht anschließend das Ende des Försterstiegs in Riefensbeek-Kamschlacken bei Osterode.

Für geübte Wanderer kann der Försterstieg in vier Tagesetappen bewältigt werden – es besteht jedoch auch an zahlreichen Zwischenpunkten eine ÖPNV-Anbindung.

Weitere Informationen gibt es beim Harzer Tourismusverband oder im Internet unter www.foersterstieg.de.

die Öffentlichkeit zugänglich (Im Sonnenglanz 18, Tel.: 0 53 23 / 66 28, www.19-lachter-stollen.de, tgl. Führungen um 11 und 14 Uhr, Mai bis Okt. auch 15:30 Uhr, Nov. bis Heiligabend nur Sa 11 Uhr und So 14 Uhr, 7.–31. Jan. nur 11 Uhr, Erwachsene 5 €, Kinder 3 €).

ESSEN & TRINKEN

Klassisch und mediterran

Kur- & Sporthotel Alter Römer
Markt 2, Bad Grund
Tel.: 0 53 27 / 70 80
www.kurhotel-alter-roemer.de
Mit Blick auf den Marktplatz kann man hier genüsslich speisen. Täglich geöffnet.

Harzer Küche

Restaurant Altes Backhaus
Helmkampffstraße 3, Bad Grund
Tel.: 0 53 27 / 27 50
www.backhaus.schockland.de
Breite Palette an regionalen Gerichten. Täglich geöffnet.

Ausflugslokal

Waldgaststätte Iberger Albertturm
Iberger Albertturm, Bad Grund
Tel.: 0 53 27 / 15 35
www.iberger-albertturm.de
Die Gaststätte befindet sich oberhalb der Iberger Tropfsteinhöhle und offeriert traditionelle Harzer Gerichte. Die Spezialität des Hauses ist der „Iberger Sturmsack" mit Preiselbeeren und Sahne. Von Juni bis August wird am Albertturm jeden Sonntag ein Schneemann gebaut. Fr Ruhetag.

SPORT & FREIZEIT

Gesundheitszentrum Bad Grund
Schurfbergstraße 2, Bad Grund
Tel.: 0 53 27 / 70 07 10
www.bad-grund.de
Sole-Hallenbad und Fitness-Studio:
Mo bis Fr 9–21 Uhr, Sa 10–16 Uhr, So 10–14 Uhr, 1 Std. Sole-Hallenbad Erw. 3 €, ermäßigt 2,70 €.
Das Gesundheitszentrum umfasst ein Sole-Hallenbad, Fitness-Studio und einen Bowling-Center.

Weltwald Harz
Tel.: 0 53 27 / 82 91 03
www.weltwald-harz.de
Auf dem früher als Arboretum bekannten Gelände im Norden von Bad Grund wachsen zahlreiche Bäume und Pflanzen aus Nordamerika und dem fernen Osten. Auf insgesamt 12 km beschilderten, unterschiedlichen Themenwegen lassen sich viele fremdländische Pflanzen entdecken. Tgl. geöffnet.

SERVICEINFO

Tourist-Information Bad Grund
Schurfbergstr. 2 (Gesundheitszentr.)
37539 Bad Grund
Tel.: 0 53 27 / 70 07 10
www.bad-grund.de

▶ ALTENAU

1.850 Einwohner　　(S. 186, C2)

Aufgrund seiner Lage ist Altenau einer der beliebtesten Tourismusorte des gesamten Harz. Auf einer Höhe von rund 500 m ü. NN ist die alte Bergstadt am Ufer der jungen Oker nicht nur ein bekannter

Wintersportort, sondern vor allem ein idealer Ausgangspunkt für Wanderungen in den Nationalpark Harz. Dieser umfasst u. a. die Wälder des 928 m ü. NN hohen Bruchbergs südöstlich der kleinen Stadt und erstreckt sich bis zum Brocken und zu den Hohneklippen bei Wernigerode. Altenau entstand im 16. Jh. als Bergbausiedlung für die Bergleute, die aus dem Erzgebirge stammen. Nachdem der Ort im Jahre 1617 die Stadtrechte erworben hatte, bekam er im Jahr 1636 als letzte der sieben historischen Oberharzer Bergstädte die Bergfreiheit verliehen.

Der hübsche Ortskern von Altenau wird heute von typischen, mit Holz verkleideten Harzer Fachwerkbauten geprägt. Auch die von einer barocken Haube gekrönte **St. Nikolai-Kirche** aus dem Jahre 1670 entstand in dieser Bauart.

▶ *In hellem Rot leuchtet die Kirche St. Nikolai in Altenau.*

Rund 8 km östlich von Altenau liegt der kleine Weiler **Torfhaus** mitten im Nationalpark auf einer Höhe von 800 m ü. NN. In den herrlichen Hochmooren rund um den Ort wurde früher Torf gestochen und als Brennmaterial für die Erzverhüttung verwendet. Heute sind die geheimnisvoll anmutenden Feuchtflächen als Teil des Nationalparks vor menschlichen Eingriffen geschützt. Im Winter gehört Torfhaus zu den schneesichersten Orten des gesamten Harzes, weshalb die Skilifte und die Rodelbahn des Ortes alljährlich von zahlreichen Wintersportlern aufgesucht werden.

Nördlich von Altenau wird die Oker von der 1956 eingeweihten **Okertalsperre** aufgestaut. Der in mehrere Seitentäler hineinreichende und von dichtem Wald umgebene See ist im Sommer ein bevorzugtes Ziel von Wassersportlern. Unterhalb der Talsperre fließt die Oker durch ein enges, felsiges Tal und bildet dabei zahlreiche Stromschnellen, die bei genügend Wasser regelmäßig Wildwasserfahrer anlocken.

ESSEN & TRINKEN

Von klassisch bis modern
Restaurant MAy-Harz in Moocks Hotel
Am Schwarzenberg 11, Altenau
Tel.: 0 53 28 / 98 19 50
www.moocks-hotel.de
Leckere Vorspeisen, Pasta, Fleisch- und Wildgerichte werden in der Küche des MAy-Harz zubereitet. Täglich geöffnet.

Innovative Küche
Kaminrestaurant Zur Kleinen Oker
Kleine Oker 34, Altenau
Tel.: 0 53 28 / 5 84

IV UNTERWEGS IM HARZ

www.kaminrestaurant.de
Die Speisekarte des urigen Restaurants bietet neben verschiedenen traditionellen Gerichten auch delikate Neukreationen des Küchenchefs. Do Ruhetag.

✗ *Alpenländisch*
Bavaria Alm
Torfhaus 38 a, 38667 Torfhaus
Tel.: 0 53 20 / 33 10 34
www.bavariaalm.de
Etwa 8 km östlich von Altenau, bietet die Bavaria Alm urige Gemütlichkeit. Neben vielen Köstlichkeiten aus dem süddeutsch-österreichischen Raum wie Weißwurst oder Kässpatzen gibt es auch andere regionale Gerichte wie Elsässer Flammkuchen oder Matjes. Tgl. geöffnet.

SPORT & FREIZEIT
Kräuterpark Altenau
Schultal 11, Altenau
Tel.: 0 53 28 / 91 16 84
www.kraeuterpark-altenau.de
Tgl. 10–18 Uhr, Nov. bis März freier Eintritt, sonst Erwachsene 3,50 €, Kinder ab 12 Jahren 1 €.
Im größten Kräutergarten Deutschlands werden längst vergessene Heilkräuter, exotische Gewürze u. v. m. angepflanzt, die mithillfe von Infotafeln erkundet werden können.

Kristalltherme Heißer Brocken
Karl-Reinecke-Weg 35, Altenau
Tel.: 0 53 28 / 91 15 70
www.kristalltherme-altenau.de
So bis Do 9–22 Uhr, Fr und Sa 9–23 Uhr, Tageskarte Erw. 20,80 €, Jugendliche 6–15 Jahre 12 €.
Viel Entspannung findet man in den 32–36 °C warmen Solebädern und dem Sauna- und Wellnessbereich.

SERVICEINFO
Tourist-Information Altenau
Hüttenstraße 9, 38707 Altenau
Tel.: 0 53 28 / 80 20
www.altenau.de

HARZER-HEXEN-STIEG

97 km lang führt der Qualitätswanderweg von West nach Ost quer durch den Harz und bietet einen abwechslungsreichen Einblick in die geologischen Besonderheiten und die Geschichte der Harzer Kulturlandschaft. Jede der sechs Etappen widmet sich einem speziellen Thema, beispielsweise alten Handelswegen, dem Oberharzer Wasserregal oder folgt den Spuren Goethes. Die Hauptstrecke verläuft von Osterode über Buntenbock, Altenau, Torfhaus, Brocken, Drei Annen Hohne, Königshütte und Altenbrak ins Bodetal. Mehr Informationen gibt es im Internet unter www.hexenstieg.de.

▶ SANKT ANDREASBERG
1.800 Einwohner   (S. 187, D3)

Das idyllische Bergstädtchen Sankt Andreasberg liegt am Rande des Nationalparks Harz und ist die südlichste der sieben historischen Oberharzer Bergstädte. Seine erste große Blütezeit erlebte Sankt Andreasberg im 16. Jh., während in dessen Gegend schon im 13. Jh.

OBERHARZ IV

mit dem Abbau von Erz begonnen worden war. In dieser Blütezeit wurden rund um den Ort reiche Silbervorkommen gefunden. Um möglichst viel von dem edlen Metall abbauen zu können, warben die im Gebiet von Sankt Andreasberg herrschenden Grafen von Hohnstein Bergleute aus dem Erzgebirge an, deren anschließender Umzug in den Harz zu einem schnellen Wachstum der kleinen Siedlung führte. So wurde Sankt Andreasberg bereits 1537 zur Stadt ernannt. Nachdem die Silberader am Ende des Jahrhunderts komplett ausgebeutet war, erlebte Sankt Andreasberg ab 1729 durch den Fund neuer Silberlagerstätten eine zweite Blüte. In diese Zeit fällt auch die Einführung des Kanarienvogels im Harz. Da die gelben Vögel bei hoher Kohlenmonoxidkonzentration aufhören zu zwitschern, gaben sie den Kumpeln unter Tage so zu verstehen, wann sie die Grube schnellstmöglich verlassen sollten, wenn sie Wert auf ihr Leben legten. Interessantes über die als „Harzer Roller" bekannten Kanarienvögel und deren großen Erfolg als Zuchttiere im 19. Jh. erfährt man heutzutage im **Harzer Roller-Kanarien-Museum** (Am Samson 2, Tel.: 0 55 82 / 12 49, www.harzer-roller.de, Mo bis Sa 9–12:30 Uhr und 13–16 Uhr, So 10:30–12:30 und 14–16 Uhr, Erw. 2,75 €, Kinder 2 €).

Direkt neben dem Museum befindet sich der Eingang zur ehemaligen **Silbergrube Samson**, die mit einer Tiefe von 810 m lange Zeit das tiefste Bergwerk der Welt war (tgl. Führungen um 11 und 14:30 Uhr, Erwachsene 4,50 €, Kinder 2,25 €, Anschrift wie Kanarien-Museum). Besucher der Grube können nicht nur die letzte noch betriebsfähige Fahrkunst der Welt bewundern, sondern auch deren 12 m hohes Antriebsrad. Das Wasser, mit dem das Rad angetrieben wurde, stammte aus dem **Oderteich**, der 1714 etwa 7 km nördlich von Sankt Andreasberg aufgestaut wurde. Seine 18 m hohe Staumauer, gilt als die älteste Talsperre Europas. Sowohl die Fahrkunst als auch der Oderteich gehören zum System des Oberharzer Wasserregals.

ESSEN & TRINKEN
✕ *Mediterrane Küche*
Ristorante Pizzeria „La Capri"
Doktor-Willi-Bergmann-Straße 27
Sankt Andreasberg
Tel.: 0 55 82 / 16 72
www.lacapri-andreasberg.de

▶ *„Kleine Kapelle" in St. Andreasberg.*

IV UNTERWEGS IM HARZ

Im Herzen von Sankt Andreasberg lädt das La Capri in gemütlichem Ambiente zu Pizza, Filetto und Bistecca ein. Mo Ruhetag.

Harzer Küche
Restaurant Fischer
Doktor-Willi-Bergmann-Straße 6
Sankt Andreasberg
Tel.: 0 55 82 / 7 39
Die Spezialitäten des Hauses sind Wild, Forellen und Grünkohl mit Schmorwurst. Mi Ruhetag.

Südländisches
**Restaurant Rocamar
im Hotel Skandinavia**
An der Rolle, Sankt Andreasberg
Tel.: 0 55 82 / 99 99 26
www.hotel-skandinavia.d
Kleines gemütliches Restaurant mit spanischer und italienischer Küche. Täglich geöffnet.

SPORT & FREIZEIT
Bergsport Arena
Hinterstraße 3, Sankt Andreasberg
Tel.: 0 55 82 / 81 54
www.bergsport-arena.de
Im Hochseilgarten der Bergsport Arena gilt es, sich auf einem Hindernisparcours mit Hängebrücken, Kletterwänden u. v. m. an 95 Stationen so manchen Herausforderungen zu stellen. Zur kalten Jahreszeit kommen zahlreiche Skifahrer in die Bergsport Arena, um die Pisten des Matthias-Schmidt-Bergs hinunterzupflügen. Hochseilgarten April bis Okt., Erwachsene 20 €, Jugendliche 15 €.

Sommerrodelbahn Alberti-Lift
Matthias-Schmidt-Berg 4
Sankt Andreasberg
Tel.: 0 55 82 / 2 65
www.alberti-lift.de
Der Sessellift oder ein 20-minütiger Aufstieg zu Fuß führen zum Startpunkt der 550 m langen Sommerrodelbahn auf dem Matthias-Schmidt-Berg (tgl. 9:30–16:45 Uhr, Berg- und Talfahrt 3,30 €). Im Berggasthaus Matthias-Baude kann man bei einem tollem Ausblick über die Harzer Berge einkehren (Tel.: 0 55 82 / 80 99 38, www.matthias-baude.de).

SERVICEINFO
**Tourist-Information
Sankt Andreasberg**
Am Kurpark 9
37444 Sankt Andreasberg
Tel.: 0 55 82 / 8 03 36
www.sankt-andreasberg.de

▶ BRAUNLAGE
4.800 Einwohner (S. 187, D3)

Nicht etwa in den Alpen wurde der erste Skiclub Deutschlands gegründet, sondern im Harz, genauer gesagt in Braunlage. Schon seit der Oberförster Arthur Ulrichs den Skisport im Jahre 1883 einführte, ist die Kleinstadt am Fuße des Wurmbergs eines der wichtigsten Wintersportzentren Deutschlands. Rund um den im Winter als schneesicher geltenden Ort gibt es neben zahlreichen Langlaufloipen und einigen alpinen Pisten auch eine Skisprungschanze. Auf dem Wurmberg, der mit 971 m ü. NN nicht nur der höchste Berg Niedersachsens, sondern nach dem Brocken auch der zweithöchste Berg des Harz ist, befindet sich der Startpunkt der längsten alpinen Abfahrt des Harz. Das interessant gestaltete **Heimat- und Skimuseum** gibt Auskunft über die Geschichte des Ortes und des Skilaufs in der Region (Tel.: 0 55 20 / 5 81, www.heimat-fis-skimuseum. de, Di und Fr 10 – 12 Uhr, Erwachsene 2 €, Jugendliche 1 €). Im Sommer ist der Wurmberg mit seinem Aussichtsturm, von dessen Dach man bis weit in die norddeutsche Tiefebene schauen kann, ein sehr beliebtes Wanderziel. Wegen der dichten Waldbestände rund um Braunlage war der Ort schon im 13. Jh. Standort eines Hüttenwerks. Im Gegensatz zu den anderen größeren Orten des Oberharz wurden hier jedoch nie Bergwerke errichtet, weshalb Braunlage bis in die zweite Hälfte des 19. Jh. einen dörflichen Charakter behielt. Erst mit der Eröffnung des Heilbads im Jahre 1882 und der fast zeitgleichen Entwicklung des Wintersports begann das Wachstum des Ortes.

Der Tourismus ist heute die wichtigste Einnahmequelle der Stadt, die nicht zuletzt von ihrer Lage am Rand des Nationalparks profitiert. Zu den imposantesten Naturdenkmälern in der näheren Umgebung von Braunlage gehören der Große und Kleine Bodefall im Norden der Stadt sowie der felsige Gipfel der 925 m hohen Achtermannshöhe.

ESSEN & TRINKEN

Kreative Küche

Altes Forsthaus Braunlage
Harzburger Str. 7, Braunlage
Tel.: 0 55 20 / 94 40
www.forsthaus-braunlage.de
In der Küche des Hotel-Restaurants werden nach dem „kulinarischen Kalender" regionale und saisonale Speisen der deutschen Küche zubereitet. Spezialität: raffinierte Wildspezialitäten. Täglich geöffnet.

Frische, regionale Gerichte

Restaurant „Kastanie"
Herzog-Wilhelm-Str. 10, Braunlage
Tel.: 0 55 20 / 6 39
www.pension-schoenberg.de
Die Harzer Bachforelle sowie Wildgerichte sind im Restaurant des Harzhotels Viktoria besonders beliebt. Täglich geöffnet.

Mitten im Grünen

Waldcafé Forellenteich
Tel.: 0 55 20 / 16 88
Nahe des Campingplatzes südlich von Braunlage, idyllisch gelegen im Tal des Brunnenbachs, befindet sich das Waldcafé und bietet Mittagstisch sowie Kaffee und Kuchen. Mo und Di Ruhetag.

Märchenhaft

Café-Restaurant „Die kleine Zauberwelt" im Hotel Wagner
Am Brunnen 5, Braunlage
Tel.: 0 55 20 / 22 50
www.hotel-wagner-braunlage.de
Elfen und Zauberer servieren hier saisonale Köstlichkeiten der deut-

IV UNTERWEGS IM HARZ

schen Küche sowie hausgemachte Kuchen und Torten. Tgl. geöffnet.

✕ *Ausflugslokal*
Wurmberg-Alm
Tel.: 0 55 20 / 7 21
www.wurmberg-alm.de
Direkt an der Skisprungschanze, auf 971 m ü. NN, erlebt man hier sommers wie winters eine „echte Hüttengaudi" mit deftigen Speisen. Tgl. geöffnet.

SPORT & FREIZEIT
Hallen- und Freizeitbad Braunlage
Ramsenweg 2, Braunlage
Tel.: 0 55 20 / 27 88
Das Hallen- und Freizeitbad verfügt nicht nur über zwei Innen- und ein beheiztes Außenbecken, sondern auch über ein großes Sprudelbecken und eine weitläufige Saunalandschaft mit Dampfbad und Solarium. Di–Mi 10–19 Uhr, Do 10–21 Uhr, Fr 10–17 Uhr, Sa 10–19 Uhr, So 10–14 Uhr, Erwachsene 5,50 €, Kinder bis 16 Jahre 2,80 €.

Monsterroller
Am Amtsweg 5, Braunlage
Tel.: 0 55 20 / 6 00
www.monsterroller.de
Mit der Seilbahn geht es den knapp 1.000 m hohen Wurmberg hinauf und auf den gut gefederten Rollgeräten 4,5 km lang über Stock und Stein zurück ins Tal. Die besonders Wagemutigen können sich dabei auch an einigen spektakulären Sprüngen versuchen. Leihgebühr inkl. Seilbahnfahrt für Erwachsene 12 €, Kinder 11 €, ohne Seilbahnfahrt je 4 € günstiger. Verleih geöffnet von 10:30–15 Uhr.

SERVICEINFO
Braunlage Tourismus GmbH
Elbingeröder Straße 17
38700 Braunlage
Tel.: 0 55 20 / 9 30 70
www.braunlage.de

▶ HOHEGEISS
1.000 Einwohner (S. 187, E4)

Hohegeiß befindet sich auf 642 m ü. NN und ist damit der höchstgelegene Ort des gesamten Harz. Bis vor 20 Jahren waren Hohegeiß, das politisch zur Stadt Braunlage und damit zu Niedersachsen gehört, und das 3 km entfernte Benneckenstein durch die innerdeutsche Grenze voneinander getrennt. Der von Soldaten bewachte Grenzzaun verlief unmittelbar am östlichen Ortsrand von Hohegeiß. Mit seinen schönen Loipen und Rodelbahnen ist er ein beliebtes Wintersportzentrum.

ESSEN & TRINKEN
✕ *Hübsches Ambiente*
Antje's Blumencafé
Hindenburgstraße 1, Hohegeiß
Tel.: 0 55 83 / 92 26 68
Kleine Spezialitäten, hausgemachte Kuchen und Torten sowie Cocktails. Mo Ruhetag.

✕ *Harzer Unikum*
Landhaus „Bei Wolfgang"
Hindenburgstraße 6, Hohegeiß

OBERHARZ IV

Tel.: 0 55 83 / 8 88
www.landhaus-wolfgang.de
Wolfgang Stolze – Küchenchef, Maler und Musiker – verwöhnt hier seine Gäste in Harzer Gemütlichkeit mit raffinierten Gerichten.
Mo und Do Ruhetag.

✕ *Gutbürgerlich*
Restaurant Harzklause „Zum Esel"
Lange Straße 18 , Hohegeiß
Tel.: 0 55 83 / 93 90 66
Kleines, gemütliches Restaurant mit guter deutscher Küche. Mi Ruhetag.

✕ *Delikate Küche*
Restaurant „Kleine Bleibe"
Hindenburgstraße 20, Hohegeiß
Tel.: 0 55 83 / 12 63
www.kleinebleibe.de
Kleine Gerichte, Deftiges aus der Pfanne und vom Grill und ausgefallene Salatvariationen. Mo Ruhetag.

SERVICEINFO
Touristinfo Hohegeiß
Kirchstraße 15a, 38700 Hohegeiß
Tel.: 0 55 83 / 2 41
www.hohegeiss.de

▶ SCHIERKE
800 Einwohner (S. 187, E3)

Herrliche Wälder und bizarre Felsformationen ringsum sowie die Lage des Luftkurortes Schierke am Fuße des Brockens machen ihn zu einem der meistbesuchten Orte des Harz. Der Wernigeröder Ortsteil zieht sich im Tal der Kalten Bode hinauf, parallel zur Spur der Brockenbahn. Zahlreiche Wanderwege führen auf den Brocken, aber beispielsweise auch zu den beeindruckenden Schnarcher- und Feuersteinklippen oder anderen landschaftlichen Highlights, die Schierke umgeben. Bekannt ist der Ort auch für Wintersport, der hier noch weiter ausgebaut werden soll. Zahlreiche Loipen und Rodelbahnen stehen für Schneebegeisterte bereit.

ESSEN & TRINKEN
✕ *Bodenständig und gemütlich*
Restaurant Ferienpark Brockenblick
Alte Wernigeröder Str. 1, Schierke
Tel.: 0 39 45 5 / 57 50
www.brockenblick-ferienpark.de
Eine delikate heimische Harzer Küche kommt hier auf den Tisch.
Täglich geöffnet.

✕ *Familiär*
Restaurant und Pension Andrä
Brockenstraße 12, Schierke
Tel.: 03 94 55 / 5 12 57
www.pension-andrae.de
Das Angebot reicht von der einfachen Wanderbrotzeit bis zu gepflegten Gerichten der gutbürgerlichen Küche. Mi Ruhetag.

SPORT & FREIZEIT
Brocken-Coaster Schierke
Hagenstraße 6, Schierke
Tel.: 03 94 55 / 5 89 01
www.brocken-coaster.de
Am Fuße des Brockens ist mit der Sommerrodelbahn Freizeitspaß für die ganze Familie garantiert. Bei gutem Wetter tgl. ab 11 Uhr, Erw. 2 €, Kinder bis 14 Jahre 1,60 €.

IV UNTERWEGS IM HARZ

SERVICEINFO
Tourist-Information Schierke
Brockenstraße 10, 38879 Schierke
Tel.: 03 94 55 / 86 80
www.schierke-am-brocken.de

BROCKEN

1.141 m ü. NN ragt der Brocken, der höchste Berg im Norden Deutschlands, auf. Im Jahr 1890 wurde auf dem kahlen Gipfelplateau der Brockengarten angelegt, eine öffentliche Schauanlage für Hochgebirgspflanzen. Nicht weit davon entfernt informiert das Brockenhaus über die Geschichte und Natur des sagenumwobenen Berges mitten im Nationalpark. Für Besucher gibt es verschiedene Möglichkeiten, um auf den Brocken zu gelangen. Die historische Brockenbahn fährt über Wernigerode, Drei Annen Hohne und Schierke direkt hinauf zum Gipfel. Als klassischer Ausgangspunkt für Wanderungen gilt Schierke an. Von hier führt auch eine asphaltierte Straße hinauf, die z. B. von Pferdekutschen genutzt wird.

Brockenhaus
Tel.: 03 94 55 / 5 00 05
www.nationalpark-brockenhaus.de
Täglich 9:30–17 Uhr geöffnet,
Erwachsene 4 €, Kinder 2 €.

▶ ELBINGERODE (HARZ)

5.300 Einwohner   (S. 187, E3)

Etwa 10 km südlich von Wernigerode liegt Elbingerode auf der von sanften Hügeln geprägten Hochfläche des Bodfelds. Der Ort ist Verwaltungssitz der Anfang 2010 gegründeten sachsen-anhaltinischen Stadt Oberharz am Brocken, zu der auch Benneckenstein und Hasselfelde gehören. Schon im 13. Jh. verfügte Elbingerode, das 1206 zum ersten Mal urkundlich erwähnt worden war, über das Marktrecht, das Münzrecht und drei Kirchen. Nachdem der Ort Mitte des 16. Jh. die Stadtrechte verliehen bekommen hatte, war er bis ins 19. Jh. ein wichtiger Standort der Forstwirtschaft sowie des Bergbaus und der Erzverhüttung.

Im **Bergwerk Büchenberg**, 2 km nördlich der Stadt an der Straße nach Wernigerode gelegen, fuhren die Bergleute sogar noch bis 1970 unter Tage. Heute sind Teile der ehemaligen Grube als Schaubergwerk für die interessierte Öffentlichkeit zugänglich (Büchenberg 2, Tel.: 03 94 54 / 4 22 00, www.schaubergwerk-elbingerode.de, tgl. Führungen um 10, 12, 14 und 16 Uhr, Erw. 6 €, Kinder bis 16 Jahre 4 €). Das Gleiche gilt für das nicht minder sehenswerte **Besucherbergwerk „Drei Kronen und Ehrt"** auf halber Strecke von Elbingerode nach Rübeland. Mit einer echten Grubenbahn werden die Besucher 400 m tief in die ehemalige Schwefelkiesgrube zur Ausstellung gefahren (Mühlental 13, Tel.: 03 94 54 / 4 29 10, www.dreikronenundehrt.de, Führungen Mo–Fr 11 und 13 Uhr, Erw. 9 €, Kinder 4 €).

Während im Ortskern von Elbingerode mit der Ratsapotheke, dem alten Brauhaus und der neogotischen Stadtkirche einige kulturhistorische Monumente stehen, befinden sich beim Ortsteil **Rübeland** zwei der schönsten Tropfsteinhöhlen Mitteleuropas (Blankenburger Str. 35, Tel.: 03 94 54 / 4 91 32, www.harzer-hoehlen.de, tgl. Führungen 9–16:30 Uhr, Juli und Aug. bis 17:30 Uhr, Nov.–Jan. nur bis 15:30 Uhr, Erw. 7 €, Kinder 4–16 Jahre 4,50 €). Sowohl die 600.000 Jahre alte **Baumannshöhle** am linken Bodeufer als auch die 350.000 Jahre alte **Hermannshöhle** rechts der Bode beeindrucken durch ihre großen Innenräume. Im 40 m x 60 m großen Goethesaal in der Baumannshöhle, in der sich u. a. ein glasklarer See befindet, werden sogar Theateraufführungen präsentiert.

Ein wenig flussabwärts mündet die Rappbode in die Bode. Unmittelbar vor ihrer Einmündung wird sie von der höchsten Staumauer Deutschlands (106 m) zum 8 km langen Rappbodesee aufgestaut, aus dem jährlich 60 Mio. m³ sauberes Trinkwasser in die Haushalte vieler Städte nördlich und östlich des Harz geleitet werden.

ESSEN & TRINKEN
✗ Harzer Spezialitäten
Restaurant Berghof
Pfarrstraße 15, Elbingerode
Tel.: 03 94 54 / 4 26 90
www.berghof-elbingerode.de
Das gemütliche Restaurant befindet sich in einem historischen Gebäude. Zur abwechslungsreichen Speisekarte gehören auch deftige Fleischgerichte. Täglich geöffnet.

✗ Rustikal und regional
Waldgasthaus Zum Hirschbrunnen
Unter den Birken 15, Elbingerode
Tel.: 03 94 54 / 8 95 10
www.zum-hirschbrunnen.de
Ruhig im Wald gelegen, wartet die Gaststätte mit Suppen, Salaten und kräftigen Mahlzeiten auf.
Mo und Di Ruhetag.

✗ Zwischen Fels und Fluss
Pension Am Felsen
Ackertklippe 1, Königshütte
Tel.: 03 94 54 / 4 31 63
www.am-felsen.de
Die Pension liegt im Ortsteil Königshütte im idyllischen Tal der Kalten Bode nahe steiler Granitfelsen und bietet herzhafte Gerichte der deutschen Küche. Do Ruhetag.

SPORT & FREIZEIT
Spaßbad Bodeperle
Blankenburger Str. 6, Rübeland
Tel.: 03 94 54 / 4 91 42
www.spassbad.ruebeland.com
Bei sommerlichem Wetter wird das 12 °C kalte Wasser des Höhlenbachs in den Sonnenwärme speichernden Edelstahlbecken des Freibads im Nu auf Badetemperatur gebracht. Tgl. geöffnet 10–18 Uhr, je nach Wetterlage auch bis 20 Uhr, Erwachsene 3 €, Kinder 1,50 €.

SERVICEINFO
Tourist-Information Elbingerode
Markt 3
38875 Elbingerode
Tel.: 03 94 54 / 8 94 87
www.elbingerode.de

IV UNTERWEGS IM HARZ

▶ HASSELFELDE

2.900 Einwohner (S. 187, F3)

Hasselfelde liegt inmitten der reizvollen Talsperrenlandschaft von Bode und Rappbode. Der Ort ist ein schöner Ausgangspunkt für Harzerkundungen und Wanderungen, da er direkt am Hexen-Stieg liegt und über einen Anschluss an den Selketalstieg verfügt. Die Anbindung an die Harzquerbahn ermöglicht Fahrten direkt zum Brocken und nach Quedlinburg. Sehenswert ist die **Harzköhlerei Stemberghaus,** eine der letzten Köhlereien im Harz (Stemberghaus 1, Tel.: 03 94 59 / 72 25 4, www.harzkoehlerei.de, tgl. 10–18 Uhr). Im ersten Köhlereimuseum Deutschlands wird anschaulich die Entwicklungsgeschichte der Köhlerei gezeigt. Außerdem können Besucher den Köhlern bei der Arbeit am rauchenden Erdmeiler über die Schulter schauen.

ESSEN & TRINKEN

⇌ ✕ *Ehemalige Mühle*
Hotel Hagenmühle
Hagenstraße 6, Hasselfelde
Tel.: 03 94 59 / 7 00 50
www.hotel-hagenmuehle.de
Traditionelle Harzer Küche in gemütlichem Ambiente, etwas außerhalb von Hasselfelde. Di Ruhetag.

SERVICEINFO

Tourist-Information Hasselfelde
Breite Straße 17, 38899 Hasselfelde
Tel.: 03 94 59 / 7 13 69
www.hasselfelde.de

▶ BENNECKENSTEIN

2.150 Einwohner (S. 187, E4)

Am Rand der Hochfläche, die den Übergang des Unterharz zum Oberharz markiert, liegt mit Benneckenstein auf 565 m ü. NN die höchstgelegene Stadt Sachsen-Anhalts. Oberhalb von Benneckenstein entspringt die Rappbode, die nördlich von Hasselfelde zum größten Stausee des Harz aufgestaut wird. Das älteste noch erhaltene Gebäude der Stadt ist das **Werckmeisterhaus,** das Geburtshaus des Musiktheoretikers Andreas Werckmeister. Er etablierte die „wohltemperierte Stimmung", bei der jede beliebige Oktave in zwölf etwa gleich lange Halbtonschritte aufgeteilt wird. Durch seine Erfindung kann heute praktisch jedes Musikstück in vielen

PULLMAN CITY II

Nördlich von Hasselfelde entführt die Westernstadt Pullman City II ihre Besucher in die Welt des Wilden Westens. Aufregende Shows mit Indianern, Cowboys und echten Bisons ziehen Groß und Klein in ihren Bann. Für ein besonderes Wildwestlerlebnis sorgen spannende Aktivitäten wie Bogenschießen, Goldwaschen oder Indianerbemalungen.

Pullman City II
Im Rosentale 1, 38899 Hasselfelde
Tel.: 0 3 94 59 / 73 10
www.westernstadt-im-harz.de
Ende März–Ende Okt. tgl. 10–1 Uhr nachts, Erwachsene 13 €, Jugendliche über 1,30 m bis 16 Jahre 9 €, Kinder ab 4 Jahren bis 1,30 m 6 €.

UNTERHARZ IV

verschiedenen Tonarten gespielt werden. Sehenswert sind weiterhin das **Alte Rathaus** im Zentrum der kleinen Innenstadt sowie die schieferverkleidete **Laurentiuskirche** aus dem Jahre 1852. Seit 1887 entwickelte sich Benneckenstein aufgrund seines Heilklimas zu einem angesehenen Luftkurort.

ESSEN & TRINKEN
Heimische Gemütlichkeit
Hotel Harzhaus
Heringsbrunnen 1, Benneckenstein
Tel.: 03 94 57 / 9 40
www.hotelharzhaus.de
In den drei Restaurants hat man die Auswahl zwischen harztypischen, internationalen und vegetarischen Gerichten. Direkt neben dem Hotel befindet sich ein schönes Wildgehege. Täglich geöffnet.

Neben dem alten Bahnhof
Hotel Zur Brockenbahn
Bahnhofstraße 20a, Benneckenstein
Tel.: 03 94 57 / 4 01 86
www.hotel-zur-brockenbahn.de
Direkt an der Harzer Schmalspurbahn gelegen, verwöhnt das Hotel-Restaurant mit Harzer Spezialitäten. Täglich geöffnet.

SPORT & FREIZEIT
Harzbad
Fischwiese 1, Benneckenstein
Tel.: 03 94 57 / 25 22
www.harzbad-benneckenstein.de
Di bis Do 14–20 Uhr, Fr 9–11 und 14–21 Uhr, Sa und So 10–18 Uhr, Tageskarte Erw. 12 €, Kinder 7 €.

Mit 50 m langer Wasserrutsche, Solarien, Saunabereich und Außenanlage mit Sonnenterrasse.

Eisenbahnmuseum
Bahnhofstraße 23, Benneckenstein
Tel.: 03 94 57 / 4 10 10
www.bahnmuseum-benneckenstein.ag.vu
Di bis Sa 10:15–16:15 Uhr, Erw. 2,50 €, Kinder bis 14 Jahre 1,50 €.
Im alten Bahnhofsgebäude der Stadt werden heute historische Fahrzeuge, Uniformen u. v. m. ausgestellt.

SERVICEINFO
Kurverwaltung Benneckenstein
Straße der Einheit 5 (Haus des Gastes)
38877 Benneckenstein
Tel.: 03 94 57 / 26 12
www.benneckenstein.de

AUSFLUGSTIPP TANNE

Der kleine Ort Tanne liegt im malerischen Bodetal und gilt bereits seit über 100 Jahren als beliebter Erholungs- und Wintersportort. Ein ausgedehntes Wander- und Radwegenetz führt durch die schöne Naturlandschaft und auf den Kapitelsberg.

ESSEN & TRINKEN
Schönes Ambiente
Hotel „Zum Brockenbäcker"
Lindenwarte 20, 38875 Tanne
Tel.: 03 94 57 / 97 60
www.harz-hotel-brockenbaecker.de
Reichhaltige Speisekarte mit Spezialitäten im Brotteig. Die leckeren Torten und Kuchen stammen aus der hauseigenen Bäckerei. Täglich geöffnet.

IV UNTERWEGS IM HARZ

Unterharz
Hochflächen und schroffe Täler

Der Unterharz umfasst den östlichen Teil des Gebirges, der zwar weniger hoch ist als der Westteil, aber deshalb nicht weniger sehenswert. So werden die weiten Hochflächen u. a. von den schroffen Tälern der Bode und der Selke zerschnitten, die zu den eindrucksvollsten Landschaften des Harz gehören.

▶ STOLBERG (HARZ)

1.300 Einwohner   (S. 188, B3)

Das malerische Fachwerkstädtchen Stolberg befindet sich etwa 20 km von Nordhausen entfernt im südlichen Unterharz. Wegen seiner zahlreichen schön restaurierten Gebäude aus dem Mittelalter und der Renaissance gilt der kleine Ort, der sich zu Füßen des Großen Auerbergs in die enge Talsenke der Thyra schmiegt, als eine der sehenswertesten Städte des Harz. Der Ursprung von Stolberg liegt wie bei vielen anderen Harzer Gebirgsorten im Bergbau. Zum Schutz der wertvollen Metalllagerstätten wurde im 10. Jh. zwar erstmals eine Burg errichtet, auf eine Stadtmauer konnten die Stolberger nach der Erteilung der Stadtrechte um 1300 jedoch verzichten. Von den steilen Rändern des engen Tyratals umgeben, genügte es, an den Talausgängen und am Marktplatz Stadttore zu errichten. Die Grafen von Stolberg, die bereits seit 1210 in Stolberg nachgewiesen sind, ließen die auf einem Bergsporn oberhalb der Stadt gelegene Burg im Jahre 1539 zu einem **Renaissanceschloss** umbauen. Nach weiteren Umbauten im 17. Jh. erhielt die sehenswerte Anlage ihr heutiges Aussehen. Seit 2008 sind Teile der Anlage nach umfassenden Sanierungsarbeiten für Besucher freigegeben (Schloßberg 1, Tel.: 03 46 54 / 4 54, www.stolberger-schloss.de, Di bis Fr 11–16 Uhr, Sa und So 11–17 Uhr, Erwachsene 4 €, Kinder 3 €).

Den Mittelpunkt der kleinen Stadt bildet der Marktplatz, dessen herrliche Fachwerkhäuser im Stil der Spätgotik und der Renaissance ihn zu einem wahren Kleinod machen. Eines von ihnen ist das prächtige **Rathaus** aus dem Jahre 1454, dessen oberste Etage nur über eine Außentreppe erreicht werden kann, die rechts des Gebäudes hinauf zur spätgotischen Martinikirche führt. U. a. predigte hier 1525 Martin Luther gegen den heute bekanntesten Sohn von Stolberg, Thomas Müntzer. Dieser wurde, nachdem er zunächst ein großer Anhänger Luthers war, zu einem seiner schärfsten Kritiker. Um 1525 war er einer der Anführer der Bauernaufstände in Thüringen. Zu seinem Gedenken wurde 1989 in der Mitte des Marktplatzes ein Denkmal eingeweiht. Mehr über das Leben des evangelischen Theologen und Revolutionärs erfährt man im **Museum „Alte Münze"** (Niedergasse 19, Tel.: 03 46 54 / 4 54, Fr bis So 10–12:30 Uhr und 13–17 Uhr, Erwachsene 2 €, ermäßigt 1,50 €). Östlich von Stolberg befindet sich mit dem 579 m hohen Großen Auerberg ein beliebtes Wanderziel. Auf dem Gipfel des Berges steht das 38 m hohe, im Jahre 1896 aus einer Eisenkonstruktion gebaute **Josephskreuz**. Von der Aussichtsplattform auf der höchsten Ebene des Kreuzes hat man bei guter Witterung einen Ausblick vom Kyffhäuser Gebirge bis zum Brocken (April–Okt. tgl. 10–18 Uhr, Sa, So und an Feiertagen bis 19 Uhr, Nov.–März 10–16 bzw. 17 Uhr, je nach Dunkelheit).

▶ *Das Museum „Alte Münze" in Stolberg.*

UNTERWEGS IM HARZ

AUSFLUGSTIPP ILFELD UND SOPHIENHOF

Ilfeld, ca. 20 km westlich von Stolberg, befindet sich am Ausgang des Flusses Behre aus dem engen Ilfelder Tal. Nach Süden hin weitet sich die Landschaft und geht in das flachere Harzvorland über. Von der im 12. Jh. erbauten Ilburg auf dem Burgberg sind leider nur noch wenig spektakuläre Reste übrig. Die Burgstraße allerdings, die auf den Burgberg führt, ist gesäumt von schön erhaltenen Fachwerkhäusern und lohnt einen kurzen Rundgang. Geologie-Interessierte dürfen die sogenannte **Lange Wand** am südlichen Ortseingang nicht verpassen. Mithilfe einer Informationstafel wird die Entstehungsgeschichte des Harz an den Gesteinsschichten, die an dem Aufschluss zutage treten, deutlich. Begibt man sich nach Norden ins Ilfelder Tal, passiert man einige imposante Felsformationen wie den Gänseschnabel und das Nadelöhr. Im Ortsteil Netzkater schließlich, etwa 3 km von Ilfeld entfernt, kann man im **Besucherbergwerk Rabensteiner Stollen** der Geschichte des Steinkohle-Bergbaus in der Region nachgehen (99768 Ilfeld-Netzkater, Tel.: 03 63 31 / 4 81 53, www.rabensteiner-stollen.de, April–Okt. Di bis So 10–17 Uhr, außerhalb dieser Zeit bitte nach festen Führungszeiten erkundigen, Erwachsene 8,50 €, Kinder 3–17 Jahre 4,50 €).

Folgt man dem Lauf der Behre noch weiter in nördliche Richtung und biegt dann nach links ab, gelangt man zum Ortsteil **Sophienhof**, einem typischen Bergdorf Thüringens, umgeben von Wiesen und Wald. Der idyllische Ort bietet viel Ruhe für Erholungssuchende und Naturliebhaber.

ESSEN & TRINKEN

✍✗ *Geheimtipp*
Gaststätte Poppenberg's Ruh
Hohnsteinerstraße 20, Ilfeld
Tel.: 03 63 31 / 4 66 26
Im ältesten, familienbewirtschafteten Gasthaus des Ortes wird deftige Thüringer und Harzer Küche im urigen Ambiente serviert. Di Ruhetag.

✍✗ *Natur pur mit Streichelwiese*
Ziegenalm Sophienhof
Dorfstraße 44, Ilfeld-Sophienhof
Tel.: 03 63 31 / 4 82 35
www.ziegenalm.de
In der gemütlichen Almstube gibt es Vesper und Deftiges aus Topf und Pfanne aus selbst erzeugten Käse-, Wurst- und Fleischprodukten, auch zum Mitnehmen. Hausgemachte Kuchen. Ostern bis Ende Okt.: Mo und Di Ruhetag, Nov. bis Ostern: Mo–Mi und Fr Ruhetag.

✍✗ *Ausflug- und Ferienhotel*
Brauner Hirsch Sophienhof
Dorfstraße 42, Ilfeld-Sophienhof
Tel.: 03 63 31 / 4 81 44
www.braunerhirsch-sophienhof.de
Zu den Spezialitäten des Gasthofes zählen die Wildgerichte und eine hervorragende vielfältige Fisch- und Meeresfrüchtekarte. Sonnige Außenterrasse mit Pavillon und Eiscafé. Sehr hübsches Ambiente. Täglich geöffnet.

SERVICEINFO
Südharztouristik, Ilfeld-Information
Ilgerstraße 51
99768 Ilfeld
Tel.: 03 63 31 / 3 20 33
www.suedharztouristik.de

ESSEN & TRINKEN

✕ *Mit Biergarten*
Bergstüb'l am Josephskreuz
Auerberg, Stolberg
Tel.: 03 46 54 / 4 76
www.bergstuebl-josephskreuz.de
Das Bergstüb'l auf dem Auerberg bietet deftige Portionen in gemütlichem Ambiente. Hier wird mit Liebe gekocht. Mo Ruhetag.

✕ *Italienisch*
Café Gusto
Niederberg 72–74, Stolberg
Tel.: 03 46 54 / 85 58 40
www.gusto-stolberg.de
In gemütlicher Landhausatmosphäre und geschmackvoller Einrichtung hat man im Café Gusto eine breite Auswahl an mediterranen Gerichten. Mo und Di Ruhetag.

✕ *Wie einst*
Erlebnishof „Alte Posthalterei"
Niedergasse 50, Stolberg
Tel.: 03 46 54 / 81 09-0
www.posthalterei-stolberg.de
Die „Alte Scheune" bietet allerlei Harzer Spezialitäten und Kunsthandwerk zum Verkauf und im gemütlichen „Poststübchen" gibt es hausgemachten Kuchen. Ein besonderes Erlebnis: eine Fahrt mit einer historischen Postkutsche. Tgl. geöffnet.

SPORT & FREIZEIT
Freizeitbad Thyragrotte
Thyratal 5a, Stolberg
Tel.: 03 46 54 / 9 21 10
So bis Do 10–21 Uhr, Fr und Sa 10–22 Uhr, Tageskarte Erw. 15,40 €, Kinder bis 16 J. 10,30 €. Verschiedene Innen- und Außenbecken mit Wasserrutschen sowie ein großer Whirlpool und Saunabereich machen einen Besuch in der Thyragrotte zu einem Vergnügen für die ganze Familie.

SERVICEINFO
Tourismus Information Stolberg
Markt 2, 06536 Stolberg (Harz)
Tel.: 03 46 54 / 4 54
www.stadt-stolberg.de

▶ HARZGERODE
4.000 Einwohner   (S. 188, C3)

Die kleine Stadt Harzgerode liegt etwa 15 km südwestlich von Ballenstedt auf einer Hochfläche oberhalb des Selketals. Ihre verbriefte Geschichte reicht bis ins Jahr 994 zurück, als sie erstmals urkundlich als Marktsiedlung des damals im Selketal befindlichen Klosters Hagenrode erwähnt wurde. Nachdem Harzgerode 1338 die Stadtrechte erworben hatte, entwickelte es sich im 16. Jh. zum Zentrum des anhaltinischen Silberbergbaus. In diese Zeit fällt auch der Bau des **Renaissance-Schlosses** am Rande der Altstadt Harzgerodes, das die Fürsten von Anhalt auf den Resten einer mittelalterlichen Burg errichten ließen (Schloßstr. 1, Tel.: 03 94 84 / 4 21 06, www.harzgerode.de, Di bis Fr 10–12 Uhr und 13–16 Uhr, Sa und So 11–16 Uhr). Der wohl bemerkenswerteste Raum des seit dem frühen 18. Jh. nicht mehr bewohnten Schlosses ist der Fest-

IV UNTERWEGS IM HARZ

▶ *Die Selketalbahn.*

saal, dessen Parkettboden aus 18 verschiedenen Harzer Holzarten besteht. Im Wehrgang des Westflügels ist zudem eine Dauerausstellung der Eisenhütte Mägdesprung mit rund 50 Kunstgussobjekten untergebracht. Die Heimatstube widmet sich der Geschichte, Kultur und Lebensweise Harzgerodes.
Nicht weit entfernt befindet sich mit dem Marktplatz der zentrale Platz der Stadt. Es wird von einer Reihe sehr schöner Fachwerkhäuser gesäumt, zu denen auch das **Rathaus** gehört. Auch wenn dieses aufgrund seines Baustils viel älter zu sein scheint, wurde es jedoch erst im Jahre 1901 erbaut. Etwa 2 km westlich von Harzgerode liegt der Ortsteil **Alexisbad** am Ufer der Selke. Der kleine Badeort wurde 1810 von Alexius von Anhalt-Bernburg gegründet und war im 19. Jh. wegen seiner schwefelhaltigen Quellen ein beliebter Kurort. Bauwerke wie der von Karl Friedrich Schinkel konzipierte Teepavillon erinnern noch heute an diese Zeit.
Unterhalb von Alexisbad verengt sich das Selketal, sodass das Wasser des kleinen Flusses sich zwischen steilen Felsen hindurchzwängen und einige kleinere Wasserfälle hinunterstürzen muss. Ein besonders beeindruckender Anblick bietet sich, wenn die Dampfzüge der **Selketalbahn** (Tel.: 0 39 43 / 55 80, aktueller Fahrplan unter www.hsb-wr.de) durch das enge Tal stampfen. Neben der Brockenbahn und der Harzquerbahn ist die Selketalbahn einer von drei Zügen, die von historischen Dampf- und Diesellokomotiven gezogen, auf dem Netz der Harzer Schmalspurbahnen unterwegs sind. Von Quedlinburg fährt die Bahn über Gernrode nach Mägdesprung, wo sie das tief eingeschnittene Selketal erreicht. Vorbei an Alexisbad und Harzgerode folgt sie dem idyllischen Flusslauf aufwärts bis nach Steige, bevor sie das Tal verlässt und schließlich auf die Gleisführung der Harzquerbahn trifft.

ESSEN & TRINKEN
✕ *Ritterliche Speisen*
Schlosskeller Harzgerode
Schlossstr. 3, Harzgerode
Tel.: 03 94 84 / 22 43
www.schlosskeller-harzgerode.de
Auf der Speisekarte des Restaurants, in dessen Kellergewölbe bereits seit 1675 Gäste bewirtschaftet werden,

UNTERHARZ IV

stehen vom Rittertum inspirierte Speisen. Wer mag, kann sich sein Essen auf einem 180 °C heißen Stein selbst zubereiten. Tgl. geöffnet.

⛺✕ Gehoben
Hotel Resort Habichtstein
Kreisstraße 4, Alexisbad
Tel.: 03 94 84 / 7 80
www.habichtstein-harz.de
Regionale Gerichte je nach Saison sowie Internationales werden in den verschiedenen gastronomischen Räumlichkeiten des Hotels serviert. Moderate bis gehobene Preisklasse. Täglich geöffnet.

⛺✕ Im Selketal
Landhaus „Selkemühle"
Selkemühle 1
Harzgerode-Mägdesprung
Tel.: 03 94 84 / 23 41
Direkt am Selketal-Stieg, ca. 10 km von Harzgerode entfernt, befindet sich das Ausflugslokal mit nettem Biergarten. Kinder erfreuen sich an dem Wildpark mit Spielplatz. Täglich geöffnet.

GASTHAUS JÄGERSTUBE

Geheimtipp für eine sehr gute Küche – Wildgerichte aus der eigenen Jagd, Hausmannskost und erlesene Harzer Spezialitäten stehen zur Auswahl. Mi und Do Ruhetag.

Hotel Pension Restaurant Landgasthaus Jägerstube
Markt 114, Dankerode
Tel.: 03 94 84 / 21 36
www.harzer-jaegerstube.de

✕ Gutbürgerliche Küche
Gasthaus „Zur Linde"
Hinterdorf 79, Dankerode
Tel.: 03 94 84 / 21 40
www.camping-ludwig.de
Deftige Hausmannskost, Wildgerichte sowie Pilzessen. Eigene Hausschlachtung. Mo und Di Ruhetag.

SPORT & FREIZEIT
Mausefallen- und Kuriositätenmuseum
Klausstraße 138
06507 Güntersberge
Tel.: 03 94 88 / 4 30
www.mausefallenmuseum.de
Sa und So 14–17 Uhr, Erwachsene 2,50 €, Jugendliche 14–17 Jahre 2 €, Kinder bis 13 Jahre 1,50 €. Außer Mausefallen werden im Güntersberger Museum, ca. 15 km westlich von Harzgerode, eine ganze Menge volkskundlicher Kuriositäten ausgestellt. Herzhaft lachen kann man in der „Galerie der stillen Örtchen".

SERVICEINFO
Touristinformation Harzgerode
Marktplatz 2, 06493 Harzgerode
Tel.: 03 94 84 / 7 47 67 03
www.harzgerode.de

▶ STANGERODE
350 Einwohner (S. 189, D2)

Stangerode ist ein idyllischer kleiner Urlaubsort, der seinen ursprünglichen Charakter eines typischen Harzdorfes erhalten hat. Eingebettet in das sagenumwobene Eine- und Leinetal liegt es im Regenschatten

IV UNTERWEGS IM HARZ

des Brockens und hat damit im Vergleich zu anderen Harzorten ein mildes und angenehmes Klima. Von hier aus kann man reizvolle Wanderungen zu den zahlreichen umliegenden Sehenswürdigkeiten starten. So befindet sich in unmittelbarer Nähe, auf einer kleinen Bergkuppe, das Klage- und Rügegericht Volkmannrode, wo bis ins Jahr 1870 alljährlich zweimal, zu Walpurgis (1. Mai) und Michaelis (19. Sept.) unter einer mächtigen Linde Gericht gehalten wurde.

ESSEN & TRINKEN

Familienhotel mit Stil und Herz
Reit- und Sporthotel Nordmann
Deistraße 44
06543 Arnstein-Stangerode
Tel.: 03 47 42 / 95 30
www.nordmannharz.de
Vom Restaurant blickt man direkt in die große Reithalle. Hier oder auf dem Außenreitplatz findet der Reitunterricht statt. Angeboten werden auch Kutschfahrten, Jeepsafaris und Wanderungen entlang des Wildparks. Die naturnahe Wildtierhaltung im Wildpark bereichert auch das Angebot des Hotelrestaurants mit frischen gesunden Fleisch- und Wurstspezialitäten von Bison & Co. Täglich geöffnet.

SPORT & FREIZEIT
Harzer Kräuterstieg
Deistraße 12a
06543 Arnstein-Stangerode
Tel.: 03 47 42 / 7 14 92
www.harzer-kraeuterstieg.de

Im Leinetal, gegenüber vom Reit- und Sporthotel Nordmann, befindet sich ein Kleinod – der Harzer Kräuterstieg. Der Aufstieg führt durch das Reich einheimischer und exotischer Kräuter und belohnt mit einer fantastischen Aussicht in das Leinetal. An mehreren Stationen kann man verweilen und sich mit Kräutern und Pflanzen vertraut machen, welche bestimmten Themen, wie z. B. Heil-, Duft- und Hexenkräutern zugeordnet sind.

Wildpark Nordmann
Tel.: 03 47 42 / 95 30
www.nordmannharz.de
Wild wird es im ca. 300 ha großen Wildpark, welcher im Leinetal unmittelbar an das Reit- und Sporthotel Nordmann angrenzt. Neben einheimischen Wildarten, gibt es hier auch die Urgewalt der größten Bisonherde Deutschlands zu bestaunen. Abenteuerlich wird es bei einer Jeepsafari, bei welcher die Tiere beinahe wie in freier Wildbahn beobachtet werden können.

▶ *Fast wie in freier Wildbahn begegnet man im Wildpark Nordmann den Bisons.*

NORDMANN

REIT- UND SPORTHOTEL

- familiär geführtes Hotel in eindrucksvollem rustikal naturbelassenem Stil
- Restaurant mit Spezialitäten von Bison & Co. aus eigener Zucht
- 300 ha großer Wildpark mit größter Bisonherde Deutschlands
- Jeepsafaris, Reitunterricht, Kutsch- und Kremserfahrten
- Pool- und Saunalandschaft

Reit- und Sporthotel Nordmann
Deistraße 23 · 06543 Arnstein OT Stangerode
Tel.: 03 47 42 / 95 30
hotel@nordmannharz.de · www.nordmannharz.de

WANDERN IM HARZ / TOUR 1

1 Um das Wiesenbeker Tal

TOURINFO KOMPAKT

Anspruch:	Länge:	Dauer:	Höhendifferenz:
mittel	12,2 km	4:45 Std.	528 m

Auf bewaldeten Talhängen wandert man um das Tal des Wiesenbeks über die Wasserscheide „Hohe Tür" zum Wiesenbeker Teich, einem idyllischen Ausflugsziel mit Bademöglichkeit.

Ausrüstung: Feste Wanderschuhe, Getränke und Verpflegung.

Anfahrt mit dem Auto: A7, Abfahrt Seesen, weiter auf der B242/243/27 nach Bad Lauterberg. Oder A38, Abfahrt Werther, weiter auf der B243 nach Bad Lauterberg.

Anfahrt mit Bus & Bahn: Mit dem Zug nach Herzberg am Harz, weiter mit dem Bus 450 nach Bad Lauterberg.

Ausgangspunkt: Katholisches Pfarramt St. Benno in Bad Lauterberg
51° 37' 28" N 10° 28' 7" O

Einkehr: Diverse Gastronomiebetriebe in Bad Lauterberg.
Unsere Empfehlung:
Café Mangold · Hauptstraße 142 · 37431 Bad Lauterberg · Tel.: 0 55 42 / 21 25 · www.cafe-mangold.de, hausgebackenes Brot nach vorwiegend bayerischen Rezepten, saftiger Baumkuchen, handgemachtes Konditoren-Eis, feinste Trüffel, Pralinen und klassische Konditoreiwaren, tgl. geöffnet.

▶ *Schöne Rastplätze laden zum Verweilen ein.*

UNTERHARZ / BAD LAUTERBERG

▶ *Malerisch glitzert der Wiesenbeker Teich.*

Start der schönen Rundtour ist im Südosten von Bad Lauterberg am 🅢 katholischen Pfarramt St. Benno an der Kreuzung von Teichstraße und Kirchberg. Gleich zu Beginn der Tour meistern wir den beschwerlichen Anstieg zum Kirchberg und weiter die Hänge des Scholbens hinauf. Dafür wandert man auf der Teichstraße ein kurzes Stück in östlicher Richtung und biegt dann gleich links in die Straße „Am Hang" ein, um den Kirchberg hinaufzuwandern. An der Gabelung hält man sich rechts und wandert nun auf dem befestigten Weg „Kirchtal". Dieser gabelt sich und erneut hält man sich rechter Hand, passiert den

TOURPROFIL

Nach dem Anstieg gleich zu Beginn geht es nur noch eben oder abwärts weiter.

12,2 km Länge

WANDERN IM HARZ / TOUR 1

Wasserbehälter, bevor der Weg uns immer geradeaus zur **Bremer Ruhe** ① auf dem Kirchberg führt. Von hier genießt man die Aussicht oder kann am Rastplatz Kraft für den weiteren Anstieg sammeln. Wir verlassen nun den Hauptweg und nehmen an der Bremer Ruhe den Pfad schräg links, der uns steil den Hang des Scholbens hinaufführt. Dabei passiert man eine Schutzhütte sowie eine Gabelung, an der man sich rechts hält. Nun ist der Weg eben, man wandert abwechselnd durch Nadel- und Laubwaldstücke am Hang oberhalb des Wiesenbektals und seinen Seitentälern entlang.
Zwischen Langental und Düsteretal trifft unser Weg wieder auf den Hauptweg. Auf diesem wandern wir bis zum oberen Ende des Grillentals, umrunden dieses und gelangen zu einem herrlichen **Aussichtspunkt** ②. Weiterhin ignoriert man alle Abzweige und wandert stets auf dem Hauptweg ein wenig unterhalb des Kamms in Richtung **„Hohe Tür"** ③. Die „Hohe Tür" ist nicht nur ein schöner Rastplatz und Aussichtspunkt auf Bad Lauterberg, sondern zugleich die Wasserscheide der Ströme Weser und Elbe.
Nun verlässt man den Hauptweg und folgt den Wegweisern zum Wiesenbeker Teich. Zunächst führen uns diese rechter Hand steil den Hang hinab, bis wir unten im Tal nach Überqueren des Bachs auf einen Pfad treffen, in diesen nach links einbiegen und einige Meter weiter den Wiesenbek überqueren. Unser Weg vereinigt sich nun mit einer Straße, auf der man sogleich zum **Wiesenbeker Teich** ④ kommt. Der Wiesenbeker Teich wurde im 18. Jh. als großer Stausee für den Bergbau angelegt. Inmitten der herrlichen Mischwälder ist er heute ein beliebtes Ausflugsziel und

UNTERHARZ / BAD LAUTERBERG

Naherholungsgebiet mit Schwimmbad, Tretbootverleih, Angelstelle, Campingplatz und dem dazugehörigen Ausflugslokal Dombrowsky's Baude. Wir wandern schließlich am nördlichen Ufer des malerischen Sees zum ehemaligen **Kneipp-Kur-Hotel Wiesenbeker Teich** ⑤, halten uns hinter ihm links und erreichen mit wenigen Schritten die imposante Staumauer.

Hier hält man sich rechts, passiert auf einem schmalen Pfad zwei Teiche und wandert schließlich entlang des Wiesenbeks auf der gleichnamigen Straße zurück zum Ausgangspunkt der Tour an der katholischen Kirche in Bad Lauterberg.

WANDERN IM HARZ / TOUR 2

2 Zum Großen Knollen

TOURINFO KOMPAKT

Anspruch:	Länge:	Dauer:	Höhendifferenz:
mittel	16,5 km	5:30 Std.	544 m

Auch am Harzrand gibt es anspruchsvolle Touren – auf unserer Tour zum Knollenturm, einem beliebten Ausflugsziel, überwinden wir über 500 Höhenmeter.

Ausrüstung: Wanderschuhe, Getränke und Verpflegung.

Anfahrt mit dem Auto: A7 bis Göttingen, weiter auf der B27 nach Herzberg am Harz. Oder A7 bis Abfahrt Seesen, weiter auf der B243 nach Herzberg am Harz.

Anfahrt mit Bus & Bahn: Mit dem Zug zum Bahnhof „Herzberg Schloss".

Ausgangspunkt: Bahnhof „Schloss" in Herzberg am Harz
51° 39' 15" N 10° 19' 59" O

Einkehr: Diverse Gastronomie in Herzberg am Harz.
Unsere Empfehlung:
Pizzeria Mamma Mia · Heidestraße 5 · 37411 Herzberg am Harz ·
Tel.: 0 55 21 / 7 25 02,
Pizza & Pasta, Di Ruhetag.

▶ Das Welfenschloss in Herzberg.

Wir beginnen unsere Wanderung am S Bahnhof „Schloss" im hübschen Residenzstädtchen Herzberg am Harz und wandern durch die Fußgängerzone (Hauptstraße) zum Rathaus am **Marktplatz** ❶. Das Haus hat eine interessante Wandlung hinter sich, denn bevor es im Jahr 1905 zu einem Rathaus umgebaut wurde, diente es als Feuerwehr- und Spritzhaus. Weiter geht es einige Zeit geradeaus über die Hindenburgstraße, ehe man vor dem Kurpark nach rechts in die Osthushenrichstraße abbiegt. Linker Hand über die Knollenstraße und rechter Hand über die Straße „An der Trift" verlässt man die

OBERHARZ / HERZBERG AM HARZ

▶ *Die Fußgängerzone in Herzberg.*

Ortschaft. Direkt hinter den stillgelegten Bahngleisen biegt man links in einen Weg ein und folgt nun der Markierung „15J" ein kurzes Stück entlang der Trasse. Bald queren wir eine Straße und der Weg geht in einen Pfad über. An den Hängen des Buchenbergs wandert man nun immer geradeaus durch den Mischwald bis zur **Herzberger Hütte** ❷.

Dabei geht es seit dem Start der Tour stetig bergauf, immer der Markierung „15J" nach. Hinter der Herzberger Hütte folgen zwei Serpentinen, steil winden sie sich den Grimmberg hinauf, bis man einen Hauptweg quert und die **Lübbersbuche** ❸, ein Naturdenkmal, erreicht. Wir wandern weiter geradeaus und folgen nun der

TOURPROFIL

Abwechslungsreiche Wanderung meist auf bequemen Wegen.

WANDERN IM HARZ / TOUR 2

Beschilderung zum Jägerfleck. Zum ersten Mal bei unserer Wanderung führt der Weg nun für einige hundert Meter bergab. Am Jägerfleck kann man gut rasten und Kräfte für den weiteren Aufstieg zum Großen Knollen sammeln. Weiter geht es geradeaus, ehe der Weg eine sanfte Rechtskurve und eine ausgeprägte Linkskurve beschreibt. Nach der Fahrstraße hält man sich an der Gabelung links, dann geradeaus und erreicht bald den **Aussichtsturm auf dem Großen Knollen** ❹. Wir können den im Jahr 1904 erbauten Knollenturm erklimmen oder in der gemütlichen Bergbaude einkehren. Die Aussicht ist fabelhaft und reicht über den gesamten Harz, das Weserbergland und zu den Bergen des Thüringer Waldes. Auf gleichem Weg geht man zurück zum Jägerfleck und biegt dort links in den Hauptweg ein, auf dem man ein längeres Wegstück bleibt und durch das Eichelnbachtal hinabwandert. Dabei orientiert man sich an der ersten T-Kreuzung mit einem Hauptweg geradeaus, an der bald folgenden Gabelung wählt man den rechten Zweig. Immer in Begleitung des Baches erreichen wir eine **Schutzhütte** ❺ an einem Teich. Nun führt uns der Weg aus dem Wald heraus und über freie Felder nach Herzberg – dabei hat man immer das Welfenschloss im Blick. Die Ortschaft erreicht man über die Regerstraße, quert wieder die alte Bahntrasse, biegt dann links in die Juesholzstraße ein und kommt wenig später zum idyllischen **Natursee „Jues"** ❻. Der Juessee ist ein sogenannter Erdfallsee und vor 8.000 bis 14.000 Jahren im Karstgestein entstanden. Wir biegen rechts in den Juesweg ein und wandern am See entlang, verlassen am nördlichen Ufer den Juesweg

OBERHARZ / HERZBERG AM HARZ

und halten uns linker Hand weiter am idyllischen Seeufer. Bald trifft man auf die Brauhausstraße, biegt in diese rechts ein und erreicht nun die breite Fußgängerzone. Auf bekanntem Weg geht es anschließend zurück zu unserem Ausgangspunkt am Bahnhof in Herzberg am Harz.

SCHLOSS HERZBERG

Schloss 2, 37412 Herzberg
Tel.: 0 55 21 / 47 99
www.museum-schloss-herzberg.de
April–Okt. Di bis So 10–13 und 14–17 Uhr, Nov.–März Di bis Fr 11–13 und 14–17 Uhr,
Erwachsene 2 €, Kinder 1,50 €.

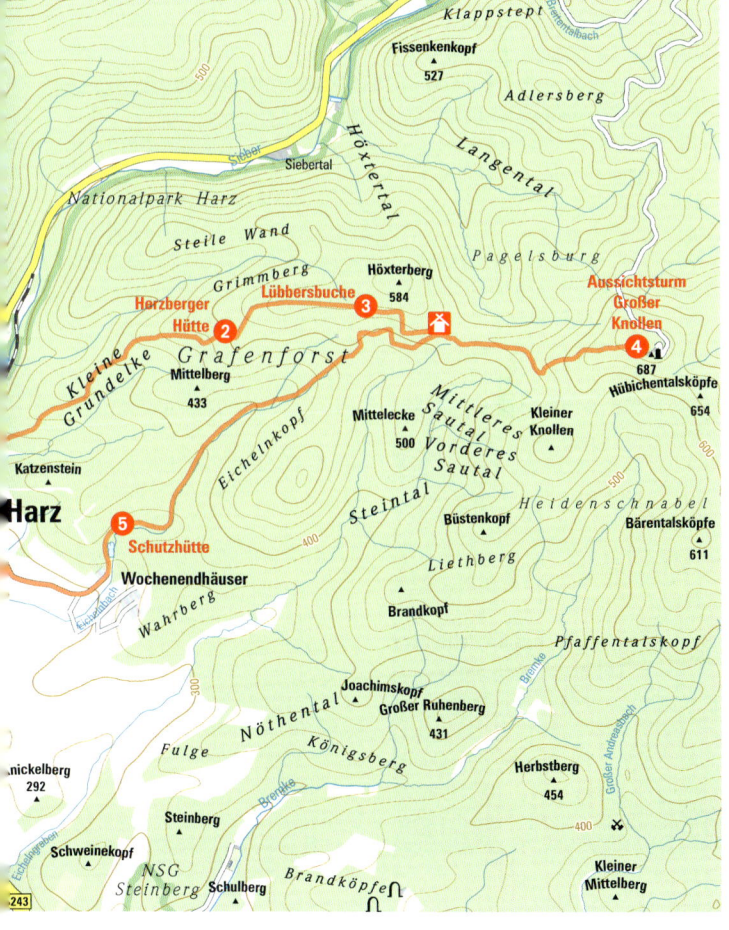

WANDERN IM HARZ / TOUR 3

3 Oberharzer Wasserregal-Wanderung

TOURINFO KOMPAKT			
Anspruch: mittel	Länge: 14,6 km	Dauer: 4:00 Std.	Höhendifferenz: 257 m

Diese Streckenwanderung folgt dem „Oberharzer Wasserregal" von Clausthal-Zellerfeld nach Altenau – entgegengesetzt dem Lauf. Ein Teilstück führt dabei auf dem Harzer-Hexen-Stieg entlang und ist mit Informationstafeln zum Wasserregal bestückt.

Ausrüstung: Feste Wanderschuhe, ausreichend Getränke und Verpflegung.

Anfahrt mit dem Auto: A7, Ausfahrt Seesen, weiter auf der B248/243/B242 nach Clausthal-Zellerfeld.

Anfahrt mit Bus & Bahn: Mit dem Zug nach Goslar Hbf, hier vom ZOB weiter mit dem Bus 830 nach Clausthal-Zellerfeld.

Ausgangspunkt: Ostbahnhof in Clausthal-Zellerfeld
51° 48' 16" N 10° 20' 55" O

Einkehr: Unsere Empfehlung: Pizzeria Da Mario · Adolph-Römer-Straße 33 · 33678 Clausthal-Zellerfeld · Tel.: 0 53 23 / 56 30 · www.damario-clausthal.de, tgl. geöffnet.

▶ *Das Wasser der Eisenquelle schimmert rötlich.*

Vom 🅢 Ostbahnhof in Clausthal-Zellerfeld biegen wir links in die Altenauer Straße ab (Bundesstraße B241) und verlassen auf ihr die Stadt.
Auf der Höhe des Unteren Pfauenteichs zweigt die Altenauer Straße nach links ab, man bleibt aber weiterhin auf der B241, die nun „An den Pfauenteichen" heißt, kommt dann zu zwei Gebäuden auf der Höhe des Mittleren Pfauenteiches und verlässt dort die B241 auf dem links abzweigenden Feldweg. Dieser führt uns unterhalb des Mittleren Pfauenteichs zum **Damm** ❶ zwischen diesem und dem Oberen Pfauenteich.

OBERHARZ / CLAUSTHAL-ZELLERFELD

▶ *Die Marktkirche in Clausthal-Zellerfeld.*

Der Mittlere Pfauenteich wurde erstmals im Jahr 1298 unter dem Namen „Banedick" erwähnt. Zusammen mit dem Oberen und dem Unteren Pfauenteich ist er die älteste Stauanlage im Oberharz. Jetzt wandert man durch den Mischwald weiter zum **Jägersbleeker Teich** ❷ und folgt dabei dem Wegweiser „10H". Der Jägersbleeker Teich wurde im Rahmen des Oberharzer Wasserregals ca. 1670 künstlich angelegt, um Wasser für den Bergbau bereitzustellen. Schautafeln informieren hier über das Wasserregal.

Wir queren den 13,65 m hohen Staudamm und folgen weiterhin der Markierung „10H" zum **Polsterberger Hubhaus** ❸. Dieses wurde im Jahr 1801 gebaut und sollte das Wasser aus dem Dammgraben in den 18 m höher gelegenen Tränkegraben befördern. Die für die Hubpumpe erforderliche Antriebskraft lieferten zwei Wasserräder

TOURPROFIL

Tour mit schönen ländlichen Passagen.

WANDERN IM HARZ / TOUR 3

des Polstertaler Zechenhauses, das etwas weiter nördlich im Polstertal liegt. Heute können wir im idyllisch von einer Wiese umgebenen Polsterberger Hubhaus einkehren und uns für den weiteren Wegverlauf stärken.

Auf der Straße „Im Polstertal" wandert man nun in südliche Richtung zur B242. Noch vor der Bundesstraße biegt jedoch an der Schutzhütte ein Forstweg links ab, auf dem man ein Stück parallel zur Straße wandert, ehe man sich an der Gabelung rechts hält. An der ersten Kreuzung wandern wir geradeaus und an der zweiten wenige Schritte nach rechts, um danach gleich nach links auf einen kleinen Pfad abzubiegen. Nun erreicht man den Dammgraben und wandert an seinem Ufer entlang zum **Sperberhaier Damm** ❹. Das unter Denkmalschutz stehende Aquädukt des Oberharzer Wasserregals leitet das Wasser des Dammgrabens über die Senke des Sperberhaies nach Clausthal, um den dort gestiegenen Bedarf der Bergwerke an Kraftwasser Genüge zu tun.

Der Damm wurde zwar bereits im 17. Jh. angedacht, aber erst 1732–1734 gebaut. Wir steigen hinauf zur 12,5 m hohen Krone des Damms und genießen die etwas andere Aussicht von hier oben, biegen nun links in die B498 ein und verlassen diese wenige Meter später auf einem links abzweigenden Weg. Wiederum ein kurzes Stück weiter nimmt man den rechts abzweigenden Pfad, trifft bald erneut auf die B498, kreuzt diese und wandert weiter auf dem Harzer-Hexen-Stieg entlang des Dammgrabens zur **Eisenquelle** ❺. Hier kann man an einer Schutzhütte Rast machen, danach wandert man immer entlang des Dammgrabens

OBERHARZ / CLAUSTHAL-ZELLERFELD

auf dem Harzer-Hexen-Stieg nach Altenau. Kurz vor der Siedlung, am Grabenhaus Rose, verlässt man den Dammgraben linker Hand auf der Straße „Auf der Rose" und passiert das Forsthaus Rose sowie die **Jugendherberge Altenau 6**. Auf der „Oberen Straße" wandern wir zu unserem letzten Ziel, der hübschen St. Nicolai-Kirche. Mit dem Bus 840 geht es zurück zu unserem Ausgangspunkt, dem Ostbahnhof in Clausthal-Zellerfeld. Wer noch genügend Energie hat, sollte die ehemals voneinander getrennten Bergstädte noch besichtigen.

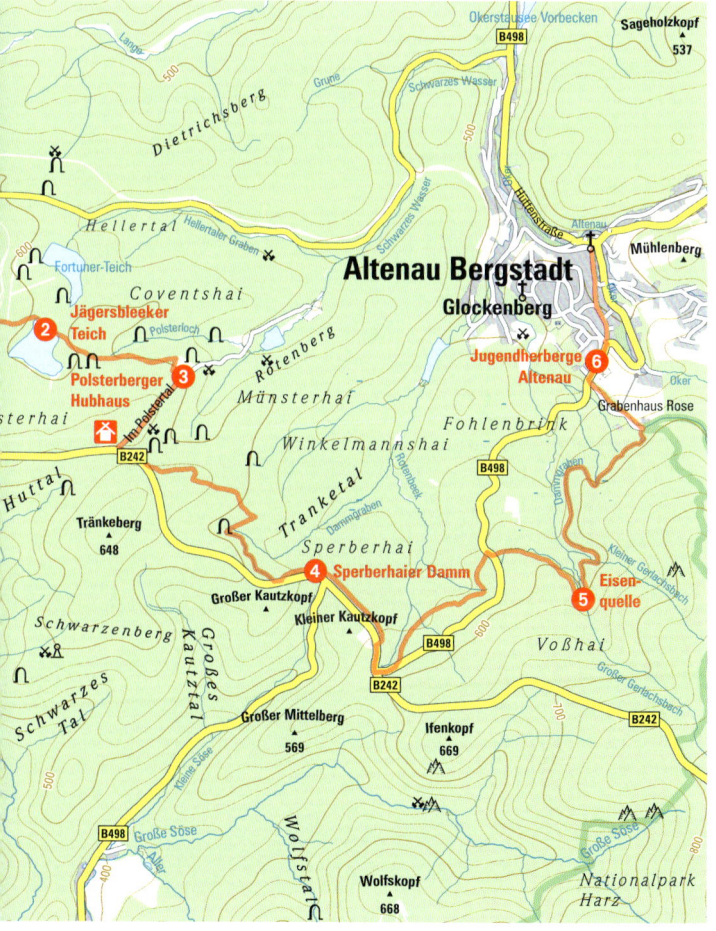

WANDERN IM HARZ / TOUR 4

4 Von Lautenthal zum Innerstestausee

TOURINFO KOMPAKT

Anspruch:	Länge:	Dauer:	Höhendifferenz:
schwer	21,3 km	6:00 Std.	525 m

Abwechslungsreiche Wald- und Aussichtswanderung vom Bergwerksmuseum „Lautenthals Glück" zum Innerstestausee – wo wir bei schönem Wetter dem Wassersport fröhnen können.

Ausrüstung: Feste Wanderschuhe, Getränke, evtl. Badesachen.

Anfahrt mit dem Auto: A7, Ausfahrt Seesen, auf der Lautenthaler Straße weiter nach Lautenthal.

Anfahrt mit Bus & Bahn: Mit dem Zug nach Goslar Hbf, dort vom ZOB mit dem Bus 831 nach Lautenthal.

Ausgangspunkt: Bergbaumuseum „Lautenthals Glück"
51° 52′ 7″ N 10° 17′ 9″ O

Einkehr: Unsere Empfehlung: Café-Restaurant „Zum Seestübchen" · Innerstetalsperre 2 · 38685 Langelsheim · Tel.: 0 53 26 / 21 66 · www.innerste.de, direkt an der Innerstetalsperre gelegen mit vielen Wassersportangeboten. Deutsche Küche sowie gute Fischangebote. Mo Ruhetag.

▶ An der Innerstetalsperre.

OBERHARZ / LAUTENTHAL

▶ *Blick auf den Innerstestausee.*

Unsere Wanderung startet am 🅢 Bergbaumuseum „Lautenthals Glück" – eine der wenigen Gruben, in der man unter Tage auf eine kleine Schifffahrt mit dem Erzkahn gehen kann. Von hier wandern wir auf der Wildemanner Straße, die in die Kaspar-Bitter-Straße mündet, in nördliche Richtung durch die Ortschaft und verlassen diese kurz vor dem Ortsausgang rechter Hand auf dem Sparenbergweg. Das „Blaue Kreuz" ist unser Wegweiser, und wir folgen der Innerste durch ihr Tal. Zunächst führt diese uns durch freie Flur und wir kreuzen den Großen Riesbach, ehe unser Weg weiter im Wald am Fuße des Ecksbergs entlang verläuft. Nachdem man die Rote Klippe passiert hat, breitet sich links von uns langsam der Innerstestausee aus. Unser Weg beschreibt nun eine Rechtskurve, in der wir das Ochsental queren und bald wieder

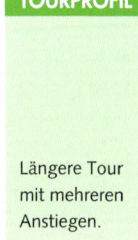

TOURPROFIL

Längere Tour mit mehreren Anstiegen.

WANDERN IM HARZ / TOUR 4

oberhalb der Fahrstraße entlang des Stausees wandern. Nach 5,5 km macht man linker Hand einen kurzen Abstecher auf die kleine Halbinsel. Hier kann man im Hotel Berghof am See oder im **Seestübchen** ❶ einkehren, ein Boot ausleihen oder einfach nur die herrliche Aussicht auf den Stausee genießen.

Wir folgen nun noch einige Meter dem „Blauen Kreuz" und erreichen die **Staumauer** ❷ des Sees. Die Mauer ist 32 m hoch und mit 750 m die längste der Staumauer im Harz. Zwischen 1963 bis 1966 wurde die Talsperre zur Wasserstandsregulierung, Energieerzeugung und Trinkwassergewinnung gebaut. Heute

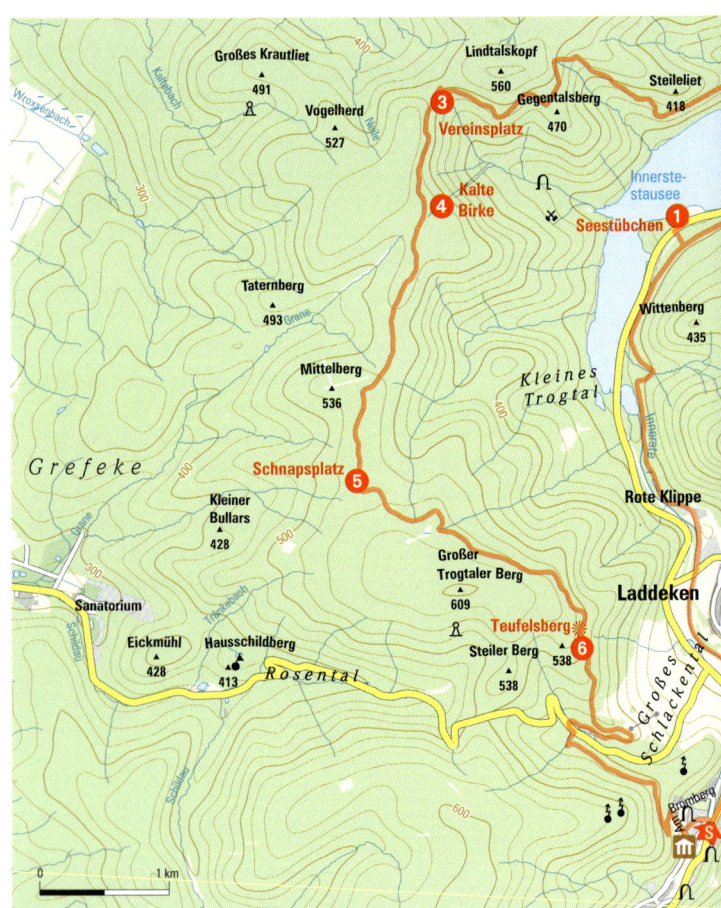

OBERHARZ / LAUTENTHAL

dient der See zudem der heimischen Bevölkerung und den Besuchern als beliebtes Wassersport-Eldorado. Wir überschreiten die Staumauer und wandern anschließend, dem „E11" folgend, auf der Lindtalstraße. Ging es bisher auf bequemen, ebenen Wegen, so steigt man nun steil bergauf durch den Mischwald

VARIANTE

Wer die Wanderung verkürzen möchte, der fährt die ersten 6 km mit dem Bus direkt bis zur Staumauer oder stellt das Auto dort am Parkplatz ab. Bei gutem Wetter sollte man Badesachen nicht vergessen, um sich nach der Tour im Innerstestausee zu erfrischen.

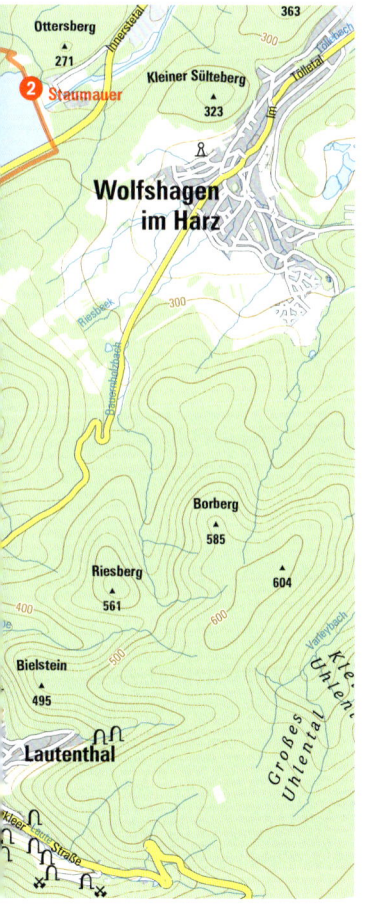

zum **Vereinsplatz** ❸, wo uns eine Schutzhütte zur Rast einlädt und man den Blick hinab auf den im Tal eingebetteten Stausee genießen kann. Hier nimmt man den zweiten Abzweig links und folgt – nun wieder recht eben – der Markierung „Blaues Dreieck" zum **Forstort „Kalte Birke"** ❹ – dort befindet sich auch eine Stempelstelle der Harzer Wandernadel. Der Blick auf das Tal der Innerste, auf die Ortschaft Wolfshagen sowie auf die markanten Erhebungen Bocksberg und Brocken ist großartig. Auf einem alten Rennsteig wandern wir weiter zum Rastplatz am **Schnapsplatz** ❺, folgen dabei der Markierung „Grünes Dreieck" und kommen anschließend zum Aussichtspunkt am **Teufelsberg** ❻. Die letzte Etappe unseres Weges führt nun wieder bergab. Wir passieren eine Skipiste, folgen weiterhin dem „Grünen Dreieck" durch eine enge Rechtskehre, passieren eine Straße und erreichen sogleich unseren Ausgangsort Lautenthal. Über die Straße „Am Bromberg" und den Bergfestplatz wandert man am Kurpark vorbei und zurück zum Museum „Lautenthals Glück".

WANDERN IM HARZ / TOUR 5

5 Kaiserpfalz und Maltermeisterturm

TOURINFO KOMPAKT

Anspruch:	Länge:	Dauer:	Höhendifferenz:
mittel	10,5 km	3:30 Std.	398 m

Kurze, aber abwechslungsreiche Wanderung auf den Pfaden der Kaiser und des Bergbaus. Vom südlichen Teil der Stadt Goslar geht es hinaus in die Wälder des Rammelsbergs.

Ausrüstung: Feste Wanderschuhe, Getränke und Verpflegung.

Anfahrt mit dem Auto: A7, Ausfahrt Rhüden, weiter auf der B82 nach Goslar.

Anfahrt mit Bus & Bahn: Mit dem Zug nach Goslar.

Ausgangspunkt: Unterhalb der Frankenberger Kirche in Goslar
51° 54' 9" N 10° 25' 5" O

Einkehr: Unsere Empfehlung: Berggaststätte „Maltermeister Turm" · Rammelsbergstr. 99 · 38644 Goslar · Tel.: 0 53 21 / 48 00 · www.maltermeister-turm.de, regionale und gutbürgerliche Küche im ehemaligen Anläuteturm der Bergleute, auch mit dem Fahrzeug erreichbar. Große Außenterasse. Panoramablick bei gutem Wetter über das Harzvorland bis Braunschweig, tgl. geöffnet.

▶ *Blick auf die Kaiserpfalz in Goslar.*

OBERHARZ / GOSLAR

▶ *Einkehrmöglichkeit am Rathausplatz in Goslar.*

Start unserer Wanderung in Goslars Süden ist die 🅢 Kreuzung Nonnenweg und „Am Beek" unterhalb der Frankenberger Kirche. Gleich rechter Hand biegen wir in einen Weg ein, nehmen den zweiten Abzweig nach links und kreuzen die Bundesstraße B241. Nun biegt man rechts ab in die Rammelsberger Straße und folgt dem Wegweiser „Blauer Punkt" hinauf zum Maltermeisterturm. Zunächst führt uns der Weg noch an einigen Häusern vorbei, bevor man gleich links in die Bruchchaussee einbiegt. Vor uns liegt links die Jugendherberge Goslars, vor der man nach rechts abbiegt, um die Serpentine abzukürzen. Wieder auf der Bruchchaussee, wandert man auf dieser zunächst ein Stück geradeaus und am Waldrand entlang, verlässt sie

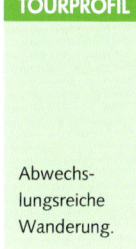

Abwechslungsreiche Wanderung.

WANDERN IM HARZ / TOUR 5

aber nach einer Linkskurve auf dem rechts abzweigenden Weg, biegt nochmals rechts ab und erreicht die Gaststätte im **Maltermeisterturm** ❶ oberhalb des Bergbaumuseums. Diese bietet von ihrer Sonnenterrasse einen herrlichen Blick auf die Stadt Goslar und das weite Harzvorland. Der Maltermeisterturm ist das älteste oberirdisch sichtbare Zeugnis des mittelalterlichen Bergbaus und wurde erstmals 1548 urkundlich erwähnt. Er gehörte zum großen Komplex des Bergwerks Rammelsberg. Der Begriff Malter bezeichnet ein Holzmaß, das ca. 2 Kubikmetern entspricht. Für die Erzgewinnung wurden im Rammelsberg jährlich etwa 6.000 dieser sogenannten Malter verbraucht. Seit Mitte des 18. Jh. diente der Turm als Wohnung des Maltermeisters, dem Holzverwalter, und erhielt so seinen Namen. Wir folgen nun der Markierung „Blauer Punkt" in südliche Richtung und wandern durch das Naturschutzgebiet der Blockhalden stetig bergan. Am Hang des Rammelsbergs kommt man auf dem Borchersweg zur **Schutzhütte „Waldschrat"** ❷, biegt hier nach links auf den Windeweg ab, um ihn sogleich linker Hand wieder zu verlassen. In zwei langen Kurven wandern wir durch den Fichtenwald und erreichen die **Schutzhütte** ❸ am Ramseck, mit einer ebenfalls schönen Aussicht auf Goslar. Dem „Grünen Punkt" folgt man nun in Serpentinen hinab zur Bruchchaussee, biegt in diese rechts ein, folgt ihr in einem Bogen nach links und hält sich an der nächsten Kreuzung rechts. An der nun folgenden T-Kreuzung orientiert man sich links, biegt dann rechts erneut in die Bruchchaussee ab und verlässt diese nach wenigen Schritten auf dem schräg rechts abzweigenden Forstweg. An den beiden Gabelungen hält man sich jeweils rechts und erreicht über die Werenbergstraße wieder Goslar.

Wir biegen anschließend links in die Wallstraße ab und kommen zur **Kaiserpfalz** ❹. Sie wurde zwischen 1040 und 1050 unter Heinrich III. errichtet und ist ein beeindruckendes Denkmal weltlicher Baukunst. Sie beherbergt das Kaiserhaus, das ehemalige Kollegiatstift „St. Simon und Judas", die Pfalzkapelle „St. Ulrich" und die Liebfrauenkirche. Über 200 Jahre wurde hier, im „Rom des Nordens", auf den Reichs- und Hoftagen der Verlauf der Geschichte bestimmt. Seit dem

---

FREIZEITTIPP

Weltkulturerbe Bergbaumuseum Rammelsberg
Bergtal 19, 38640 Goslar
Tel.: 0 53 21 / 75 00
www.rammelsberg.de
Täglich von 9 bis 18 Uhr geöffnet.
Abendführungen auf Anfrage.
Erwachsene ab 6,50 €, Jugendliche bis 16 Jahre ab 4 €.
Das Museum bietet Informationen zur Bergbaugeschichte, Geologie und Mineralogie der Region und dem Alltag der ehemaligen Bergleute.

OBERHARZ / GOSLAR

Jahr 1992 wird die Kaiserpfalz zusammen mit der historischen Altstadt Goslars und dem Rammelsberg auf der UNESCO-Weltkulturerbe-Liste geführt. Auf den Straßen „Kaiserbleek", Liebfrauenbergstraße, Neue Straße, „An der Gose" und Peterstraße wandert man nun noch ein Stück in westliche Richtung und erreicht alsbald den Ausgangspunkt der Tour unterhalb der Frankenberger Kirche.
Wer nun noch Zeit und Lust hat, sollte unbedingt eine Erkundungstour durch die einmalige Altstadt von Goslar machen.

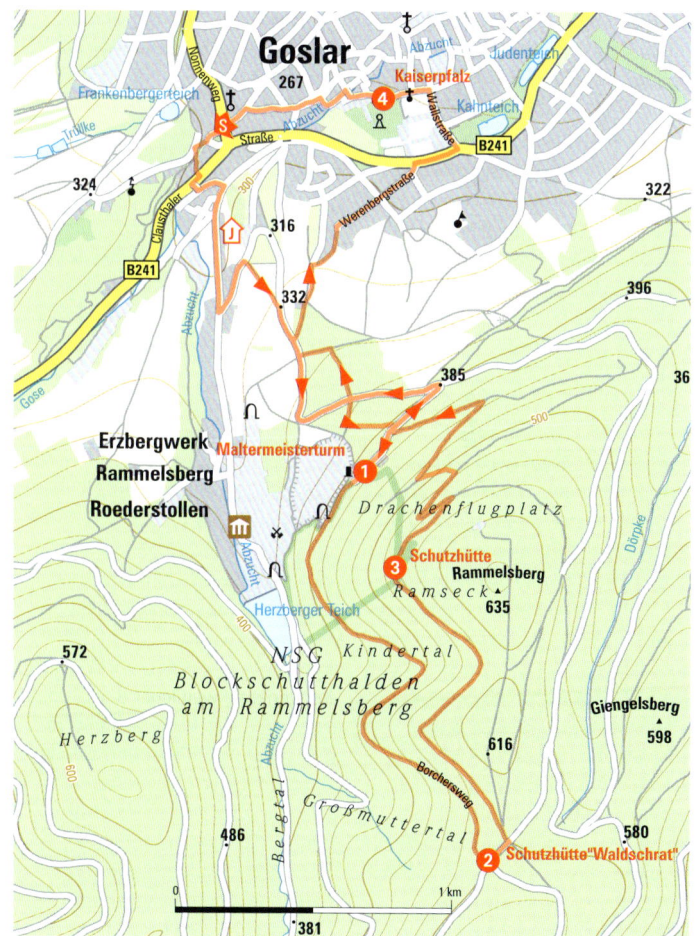

WANDERN IM HARZ / TOUR 6

6 Klippentraum im Okertal

TOURINFO KOMPAKT

Anspruch:	Länge:	Dauer:	Höhendifferenz:
mittel	10,5 km	3:30 Std.	476 m

Hoch oben im Okertal wandern wir von Klippe zu Klippe, um dann hinabzusteigen zum Romkerhaller Wasserfall. Entlang der Oker geht es zurück.

Ausrüstung: Feste Wanderschuhe, ausreichend Getränke und Verpflegung.

Anfahrt mit dem Auto: A7 bis Ausfahrt Rhüden/Harz, weiter auf der B82 nach Goslar und der B498 nach Goslar-Oker.

Anfahrt mit Bus & Bahn: Mit dem Zug nach Goslar, weiter mit dem Bus 802 zum Hotel „Waldhaus" im Okertal.

Ausgangspunkt: Hotel Waldhaus in Okertal
51° 53' 6" N 10° 28' 21" O

Einkehr: Diverse Gastronomie in Goslar.
Unsere Empfehlung:
Hotel Waldhaus · Okertal 13a · 38644 Goslar · Tel.: 0 53 21 / 69 18 · www.okertal-waldhaus.de, Fisch-, Fleisch- und Wildgerichte, tgl. geöffnet.

Wir beginnen unsere Wanderung am S Hotel Waldhaus und wandern entlang der Bundesstraße B498 ein kurzes Stück in Richtung Süden, bevor es linker Hand, dem Wegweiser folgend in Richtung Käste geht. Die Markierung „Blaues Dreieck" führt uns durch den Wald recht steil hinauf zum Ziegenrücken. Dabei hält man sich an der ersten Gabelung des Forstwegs rechts und wandert hinein ins Teufelstal. An der T-Kreuzung wenige Meter weiter orientiert man sich erneut rechts, um anschließend in kurzen Abständen links und wieder rechts die **Ziegenrückenklippen** 1 zu erreichen. Diese sind mit einem Geländer gesichert und bieten einen herrlichen Tiefblick ins Tal der Oker. Der Weg gabelt sich nun, wir wandern geradeaus zur **Schutzhütte** 2 an einer T-Kreuzung und folgen dem Wegweiser auf einem bequemen Forstweg zum Kästehaus an den **Kästeklippen** 3. Die Kästeklippen liegen in gut 600 m Höhe über dem Okertal und sind eine Gruppe von Granitfelsen. Sie gehören zu den beliebtesten Wanderzielen im nordwestlichen Harz und bieten eine hervorragende Aussicht auf das Okertal und ins nördliche Harzvorland. Ihre heutige Form haben sie durch die sogenannte „Wollsackverwitterung" erhalten.

OBERHARZ / OKERTAL

▶ Durch Wollsackverwitterung entstandene Felsformation.

Diese Art der Verwitterung formt massives Gestein zu abgerundeten Blöcken. Im gemütlichen Kästehaus können wir uns nach dem anstrengenden Aufstieg stärken. Weiter geht es, der Markierung „Gelber Punkt" folgend, an der Hexenküche vorbei zur Mausefalle und zur **Feigenbaumkanzel** ❹, die sich in einem Abstand von 100 m zueinander befinden. Auch diese beiden markanten Felsformationen sind durch die Wollsackverwitterung im Granitgestein entstanden. Die Feigenbaumklippe kann man über einige in sie eingeschlagene Stufen erklimmen. Ein Geländer sorgt für Sicherheit. Die Aussicht auf das Okertal ist beeindruckend, zudem sind noch viele andere Felsformationen zu erkennen. Die Mausefalle ist ein recht kurios aussehendes Gebilde, bei dem ein großer Felsblock von einem schmalen und schief stehenden Stein gehalten wird. Der obere Granitbrocken liegt zudem so am Rand, als würde die Mausefalle bald zuschnappen. Bald treffen wir auf einen Forstweg, dem wir für etwa 150 m talwärts nach rechts folgen, und gelangen dann über den Schöppenstedter Weg steil hinunter zum künstlich angelegten **Romkerhaller Wasserfall** ❺, der

TOURPROFIL

Schmale Pfade, Trittsicherheit erforderlich.

WANDERN IM HARZ / TOUR 6

sich fast 70 m in die Tiefe stürzt. Gegenüber befindet sich das Hotel „Königreich Romkerhall". Oberhalb des Parkplatzes trifft man auf die Markierung des Europäischen Fernwanderwegs E6. Dieser folgt man nun links der rauschenden Oker zurück in Richtung Hotel „Waldhaus". Dabei quert man bei den Kraftwerksanlagen die Oker und legt danach ein kurzes Wegstück entlang der B498 zurück, ehe der E6 wieder auf einem Pfad weiterverläuft. Wir wandern auf einem gesicherten Steig durch die **Adlerklippen** ❻, ein Kalkstein-Abbruch, und erreichen bald unseren Ausgangspunkt, das Hotel „Waldhaus".

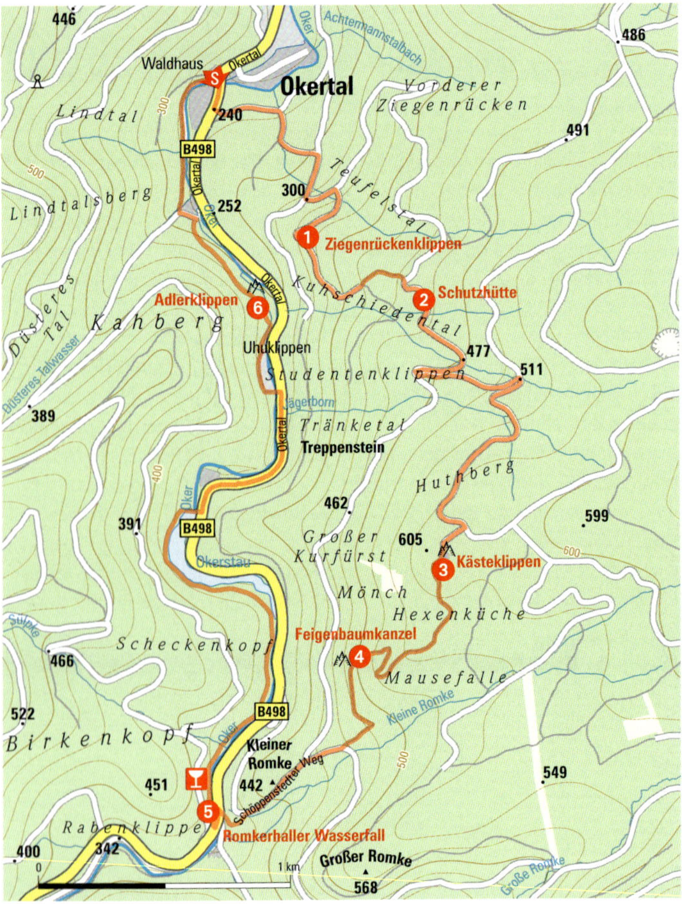

PUBLICPRESS – Die Karten mit der Sonne

   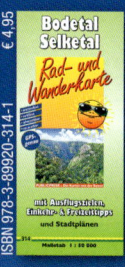 

Erlebnisführer

Kulturschätze Harz	ISBN 978-3-89920-007-2	€ 2,95

Wanderkarten

Bad Harzburg, Goslar, Altenau mit Brocken	ISBN 978-3-89920-069-0	€ 3,95
Bad Lauterberg – Bad Sachsa – St. Andreasberg	ISBN 978-3-89920-089-8	€ 3,95
Goslar-Hahnenklee, Clausthal-Zellerfeld, Altenau	ISBN 978-3-89920-071-3	€ 3,95
Harzer Baudensteig	ISBN 978-3-89920-626-5	€ 3,95
Harzer Grenzweg – Wandern am „Grünen Band"	ISBN 978-3-89920-190-1	€ 3,95
Harzgerode mit Selke-, Leine-, Eine- u. Wippertal	ISBN 978-3-89920-093-5	€ 2,95
Hasselfelde – Rübeland – Elbingerode	ISBN 978-3-89920-596-1	€ 2,95
Lautenthal – Bad Grund	ISBN 978-3-89920-597-8	€ 2,95
Osterode – Bad Grund – Clausthal-Zellerfeld	ISBN 978-3-89920-088-1	€ 3,95
Südharz, Ilfeld – Neustadt – Stolberg	ISBN 978-3-89920-519-0	€ 3,95
Thale, Bodetal und Umgebung	ISBN 978-3-89920-078-2	€ 3,95
Wernigerode, Elbingerode – Ilsenburg – Schierke	ISBN 978-3-89920-070-6	€ 3,95

Radwanderkarte

Harz, westlicher Teil	ISBN 978-3-89920-101-7	€ 4,95

Rad- und Wanderkarten

Harzer Sonnenseite	ISBN 978-3-89920-281-6	€ 4,95
Oberharz / Altenau, St. Andreasberg, Braunlage	ISBN 978-3-89920-282-3	€ 4,95
Goslar – Bad Harzburg	ISBN 978-3-89920-243-4	€ 4,95
Salzgitter – Wolfenbüttel, nördl. Harzvorland	ISBN 978-3-89920-399-8	€ 4,95
Wernigerode, nördl. Harzvorland	ISBN 978-3-89920-348-6	€ 4,95
Halberstadt, Aschersleben – Blankenburg	ISBN 978-3-89920-536-7	€ 4,95
Südharz – Kyffhäuser	ISBN 978-3-89920-318-9	€ 4,95
Sangerhausen – Lutherstadt Eisleben	ISBN 978-3-89920-408-7	€ 4,95

Mehr als 500 Kartentitel finden Sie im Buchhandel, in Tourist-Infos und unter **www.publicpress.de**

WANDERN IM HARZ / TOUR 7

7 Zu den Pinselohren

TOURINFO KOMPAKT			
Anspruch: leicht	Länge: 7,1 km	Dauer: 2:00 Std.	Höhendifferenz: 281 m

Bei dieser einfachen Wanderung fahren wir mit der Seilbahn auf den Burgberg und wandern zum Luchsgehege am Aussichtspunkt „Rabenklippe". Eine schöne Tour für Kinder.

Ausrüstung: Feste Wanderschuhe, ausreichend Getränke und Verpflegung für unterwegs.

Anfahrt mit dem Auto: A395, weiter über die B4 bis nach Bad Harzburg.

Anfahrt mit Bus & Bahn: Mit dem Zug nach Bad Harzburg

Ausgangspunkt: Bergstation der Burgberg-Seilbahn in Bad Harzburg 51° 52' 16" N 10° 34' 3" O

Einkehr: Unsere Empfehlung: Waldgaststätte Rabenklippen · 38667 Bad Harzburg · Tel.: 0 53 22 / 28 55 · www.rabenklippe.de, direkt beim Luchsgehege. Deutsche Küche und große Portionen zu fairen Preisen. Schöne Aussicht von der Sonnenterrasse. Mo Ruhetag.

Ausgangspunkt unserer Wanderung zu den Luchsen ist die 🅂 Bergstation der Burgberg-Seilbahn. Dorthin können wir entweder mit der Bahn hinaufschweben oder über den Herzogweg aufsteigen. Los geht unsere Tour in Richtung Osten zum **Antoniusplatz** ❶. Hier wählt man den mittleren Weg an der Gabelung und wandert am Hang des Sachsenbergs zur **Säperstelle** ❷ – Säperstelle ist ein alter Begriff für Holzentrindungsplatz. Der Ort lädt zum Verweilen ein, denn hier befinden sich eine Schutzhütte, eine Stempelstelle der „Harzer Wandernadel" und der Sachsenbrunnen. Der ist wiederum kein richtiger Brunnen, sondern die Anzapfstelle einer zur Harzburg auf dem Burgberg führenden, jahrhundertealten Wasserleitung. An der Wegkreuzung der Säperstelle halten wir uns

▶ *Blick von der Rabenklippe.*

OBERHARZ / BAD HARZBURG

rechts und an der bald folgenden Gabelung erneut rechts. Über den Kaiserweg wandert man nun durch den typischen Harzer Mischwald in Richtung „Tiefe Kohlstelle". Dabei biegt man am Reuscheteich vom Hauptweg nach links ab. Die **„Tiefe Kohlstelle"** ❸ ist ein alter Meilerplatz. Zu Bergbauzeiten wurde hier mit Buchen- und Fichtenholz Holzkohle gewonnen. Am Hang des Kaltetalskopfs geht es nun weiter zum Luchsgehege an der **Rabenklippe** ❹. Die Rabenklippe bietet eine herrliche Aussicht auf das Eckertal und den Brocken. Im Luchsgehege können im Rahmen des Harzer Wiederansiedlungsprojektes vier Luchse beobachtet werden. Einkehren kann man in der benachbarten Waldgaststätte „Rabenklippe". Zurück führt uns der Weg nun am nördlichen Hang des Kaltetalskopfs wieder zur Säperstelle, von wo aus man auf der bereits bekannten Stecke zurück zur Seilbahn-Station wandert. Bevor wir nach unserer Runde jedoch mit der Bahn hinabfahren, besichtigen wir noch die Ruine der von Heinrich IV. gebauten **Harzburg** ❺ sowie die Canossasäule auf dem Großen Burgberg und genießen von hier oben den Ausblick auf Bad Harzburg.

WANDERN IM HARZ / TOUR 8

8 Über den Goetheweg zum Brocken

TOURINFO KOMPAKT

Anspruch:	Länge:	Dauer:	Höhendifferenz:
schwer	20,2 km	6:00 Std.	508 m

Wir folgen Deutschlands berühmtem Dichter und Denker auf dem „Goetheweg" zum Brocken, dem sagenumwobenen „Blocksberg".

Ausrüstung: Feste Wanderschuhe, ausreichend Getränke und Verpflegung für unterwegs.

Anfahrt mit dem Auto: A7, Ausfahrt Seesen, weiter auf der B243/B242 und der B4 nach Torfhaus.

Anfahrt mit Bus & Bahn: Mit dem Zug nach Bad Harzburg, weiter mit dem Bus 820 nach Torfhaus.

Ausgangspunkt: Parkplatz „Brockenblick" in Torfhaus
51° 48' 13" N 10° 32' 9" O

Einkehr: Unsere Empfehlung: Bavaria Alm Torfhaus · Torfhaus 38 a · 38667 Torfhaus · Tel.: 0 53 20 / 33 10 34 · www.bavariaalm.de, gemütliches Ambiente mit vielen Außenplätzen. Bayerische Küche und eine Auswahl an bayerischem Bier in Maßkrügen serviert. Herrliche Aussicht zum Brocken, tgl. geöffnet.

Unsere Wanderung startet am 🅂 Großparkplatz „Brockenblick" in Torfhaus – wie der Name schon sagt, haben wir von hier unser Ziel bereits bestens im Auge. Entlang der Bundesstraße B4 wandert man in Richtung Süden und passiert dabei das Nationalpark-Informationszentrum und einige Ausflugslokale. Hinter den letzten Häusern an der B4 biegt man nun links ab und kommt noch am Forsthaus vorbei, ehe es an der Gabelung rechts in den Nationalpark Harz hineingeht. Wir verlassen hier die asphaltierte Straße und folgen dem ausgeschilderten Goetheweg entlang des Abbegrabens. Nach einigen Metern lichtet sich der Nadelwald und gibt linker Hand einen herrlichen Blick auf das **Torfmoor** ❶ – eines der wenigen und ökologisch besonders wertvollen Hochmoore – frei. Man wandert weiter geradeaus, quert die Abbe und stößt alsbald

FREIZEITTIPP

Nationalparkinfozentrum Brockenhaus
Auf dem Brocken, Wernigerode
Tel.: 03 94 55 / 5 00 05
www.nationalpark-brockenhaus.de
Täglich 9:30–17 Uhr geöffnet,
Erwachsene 4 €, Kinder 2 €.

HOCHHARZ / TORFHAUS V

▶ *Das Brockenhotel, der Sendeturm und das Brockenhaus.*

auf den Kaiserweg. An dieser Kreuzung kann man eine erste Rast einlegen. Ein Stück lang folgt man nun rechter Hand dem Kaiserweg, bevor wir diesen bald auf dem Goetheweg, der links ab als Forstweg abzweigt, wieder verlassen. An den Hängen des Quitschenbergs wandert man nun fast bis zu seinem höchsten Punkt, wo uns eine Schutzhütte erwartet. Leicht bergab folgt man dem Goetheweg zum Eckersprung und trifft auch hier auf eine kleine **Schutzhütte** ❷. Den rechts abzweigenden Weg ignorieren wir und biegen an der nächsten T-Kreuzung links ab. Unsere Route beschreibt nun eine Linkskurve und vereinigt sich mit einem weiteren Wanderweg. Zwischen dem Brocken zu unserer Linken und dem Königsberg zu unserer Rechten wandert man nun entlang der Gleise der Harzer Schmalspurbahnen

Lange Wanderung mit längerem Anstieg.

131

WANDERN IM HARZ / TOUR 8

stetig bergauf zum Brockengipfel. Dabei kommt man zu einer weiteren Schutzhütte, und der Wald lichtet sich mit zunehmender Höhe. An der nächsten Kreuzung verlassen wir die Gleise der Bahn, die geradeaus führen, und biegen links ab. Erneut kommt man an einer Schutzhütte vorbei und steigt auf dem Hauptweg die letzten Meter steil hinauf zum **Brocken** ❸. Oben genießen wir von 1.141 m Höhe die fabelhafte Aussicht über den gesamten Harz. Das Brockenplateau ist weitläufig – hier findet sich Platz für einen Sendemast, die gemütliche „Hexenklause" mit Herberge und natürlich den kleinen Bahnhof der Brockenbahn. Ein 1,5 km langer Rundweg erkundet die Ränder des Plateaus und führt u. a. oberhalb des Hexenaltars, einer Klippe, vorbei. Nach einem lohnenswerten Besuch der Nationalparkinformationsstelle im „Brockenhaus" können wir auch den schön angelegten Brockengarten besichtigen, in dem über 700 verschiedene Hochgebirgspflanzenarten wachsen.
Zurück geht es auf dem uns bekannten Goetheweg bis zum Eckersprung. Jetzt wenden wir uns an der Schutzhütte jedoch nach rechts und wandern entlang der Ecker in Richtung Norden. Der Bach bildet hier die Grenze der Bundesländer Niedersachen und Sachsen-Anhalt. An der Gabelung hält man sich links, kreuzt den Bach und wandert nun am östlichen Hang des Quitschenbergs entlang. An der nächsten Weggabelung nehmen wir den rechten Weg und bleiben nah am Bachufer, treffen alsbald auf einen Hauptweg und gehen auf ihm geradeaus weiter durch die moorige Landschaft. An der folgenden Gabelung kommt man zum Ulmer Weg, biegt links in diesen

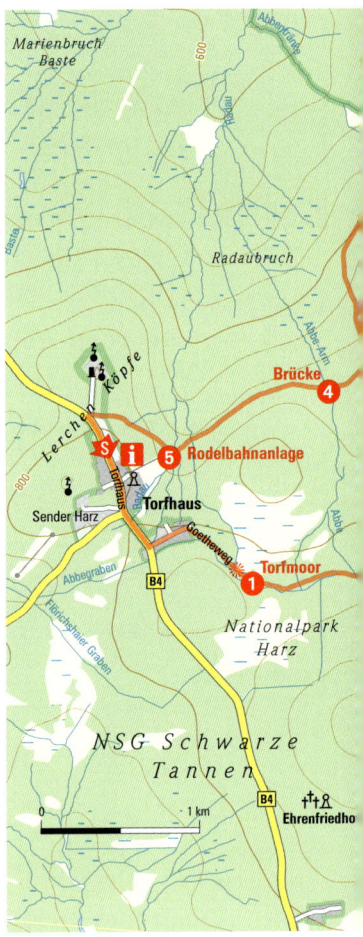

HOCHHARZ / TORFHAUS

ein, um den Abbenstein auf seiner nördlichen Seite zu umrunden. An der Kreuzung mit dem Kaiserweg biegt man linker Hand in diesen ein und folgt ihm nun bis zur kleinen **Brücke über den Abbe-Arm** ❹. Der Kaiserweg führt hier in südliche Richtung weiter, wir aber wandern geradeaus über die Brücke, ignorieren den Abzweig zum Schubenstein und passieren einige Zeit später die **Rodelbahnanlagen** ❺ kurz vor Torfhaus. Dort wählt man den linken Weg und erreicht bald wieder die B4 und unseren Ausgangspunkt, den Parkplatz „Brockenblick".

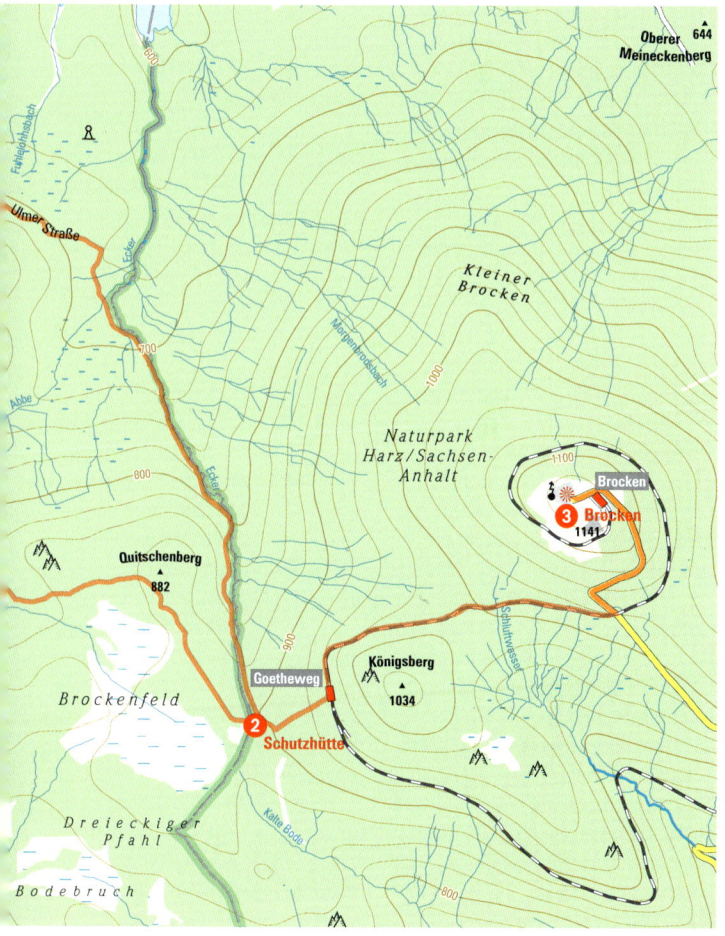

WANDERN IM HARZ / TOUR 9

9 Von Ilsenburg zur Brockenkuppe

TOURINFO KOMPAKT

Anspruch:	Länge:	Dauer:	Höhendifferenz:
schwer	24,0 km	8:00 Std.	933 m

Bei dieser abwechslungsreichen Wanderung geht es auf dem Heinrich-Heine-Weg am Eckerstausee vorbei und über den Nordhang des Brocken zu seinem Gipfel.

Ausrüstung: Feste Wanderschuhe, ausreichend Getränke und Verpflegung für unterwegs.

Anfahrt mit dem Auto: A395, weiter auf der B6 über Stapelburg nach Ilsenburg.

Anfahrt mit Bus & Bahn: Mit dem Zug nach Ilsenburg.

Ausgangspunkt: Parkplatz am Wandertreff Ilsetal
51° 51' 16" N 10° 40' 16" O

Einkehr: Unsere Empfehlung:
Gasthof Vogelmühles · Vogelsang 1 · 38871 Ilsenburg · Tel.: 03 94 52 / 9 92 30 · www.vogelmuehle-ilsenburg.de, Kaffee und Kuchen, regionale Speisen, Mo Ruhetag.

Unsere anspruchsvolle Wald- und Wasserwanderung zum Brocken startet am 🅂 Wandertreff-Parkplatz in der Straße „Ilsetal" am südlichsten Zipfel der Stadt Ilsenburg. Von hier wandern wir zunächst entlang der Straße bis zum Waldhotel „Am Ilsestein", dem Anfangspunkt des Heinrich-Heine-Wegs. Diesem bzw. der Markierung „Grüner Strich" folgt man nun auf einem Pfad sanft den Ilsebach hinauf. Am **Zanthierplatz** ❶, der dem Gründer der ersten Forstakademie Deutschlands, Dietrich von Zanthier (1717–1778), gewidmet ist, kreuzt man die Straße und wandert nun am unteren Hang des Rohnbergs durch den Nadelwald. Hinter einer engen Linkskurve trifft man auf einen Forstweg, kreuzt die Ilse und folgt nun dem „Blauen Kreuz" in Richtung Eckerstausee. Dabei halten wir uns an der ersten Gabelung rechts und queren den Bach erneut. Der Weg führt uns leicht bergauf durch das Große Sandtal, wobei man zumeist entlang eines Baches wandert und kleine Zuflüsse überquert. Man ignoriert alle Abzweige und bleibt auf dem Hauptweg mit dem „Blauen Kreuz", bis die Wegespinne am Kruzifix erreicht ist. Dort wählt man den zweiten Weg nach links, um dann an der Gabelung wenig später den rechten Weg einzuschlagen. Erneut trifft man auf einen Wegestern, wählt den

HOCHHARZ / ILSENBURG

▶ *Blick auf den Eckerstausee.*

Hauptweg nach links und erreicht bei herrlichem Ausblick den idyllisch am Fuße des Brocken gelegenen **Eckerstausee** ❷. Die Talsperre ist die höchstgelegene und kleinste der vielen Sperren im Harz. Die Mauer misst 235 m Länge und ist etwa 60 m hoch. Errichtet wurde sie im Jahr 1943. In Ufernähe wandern wir auf der östlichen Seite des Sees auf dem Panoramaweg in Richtung Scharfenstein, folgen dabei wieder der Markierung „Grüner Strich" und erreichen über den „Frankenheimer Weg" die **Rangerstation** ❸ und die Gaststätte unterhalb der Scharfensteinklippe. Früher befand sich hier ein Viehhof, danach die Kaserne der

TOURPROFIL

Anspruchsvolle Tour mit langem Auf- und Abstieg.

WANDERN IM HARZ / TOUR 9

DDR-Grenztruppen. Der „Grüne Strich" führt uns nun weiter auf dem Heinrich-Heine-Weg steil hinauf in Richtung Brocken, dabei passieren wir die Hermannsklippe und die Höhe des Kleinen Brocken. Links und rechts von uns haben etliche kleine Bachläufe ihren Ursprung. Der Wald lichtet sich und die letzten Meter des Anstiegs wandert man durch karge Fels- und Strauchlandschaft. Oben hat man vom **Brockenplateau** ❹ in 1.141 m Höhe eine wunderbare Aussicht auf den Harz und weit über ihn hinaus. Es gibt viel zu tun auf dem beliebtesten Gipfel des Harzes: Man kann in der „Hexenklause" gemütlich einkehren, den 1,5 km langen Rundweg begehen oder das Museum im „Brockenhaus" besichtigen. Nachdem wir uns ausgiebig von den Anstrengungen des Aufstiegs erholt haben, geht es auf dem gleichen Weg zurück bis zur **Hermannsklippe** ❺. Hier wendet man sich nach rechts und wandert hinab zur **Stempelsbuche** ❻, die zwar nur noch ein Stumpf ist, wo aber in einer Schutzhütte ein Stempel der „Harzer Wandernadel" vorhanden ist. Von hier geht es an der Gabelung rechts und bald mündet unser Weg in den „Bremer Weg", der durch das Ilsetal an den sprudelnden Ilsefällen und dem Heinrich-Heine-

FREIZEITTIPP /TIPP

Verschiedene Exponate der Metallindustrie, Eisenkunstwerke aus vier Jahrhunderten (16.–20. Jh.) und Gemäldesammlungen zeitgenössischer Künstler werden in den Räumen des Museums gezeigt.

Hütten- und Technikmuseum Ilsenburg
Marienhöfer Straße 9b, Ilsenburg
Tel.: 03 94 52 / 22 22
Mi–So 13 bis 16 Uhr.
Erwachsene 2 €, Kinder 1 €.

HOCHHARZ / ILSENBURG

Denkmal vorbeiführt. Dabei folgt man der Markierung „Roter Strich" und erreicht bald die uns bekannte Gabelung unterhalb des Rohnbergs. Wir biegen hier rechts ab und sind nun wieder, wie zu Beginn unserer Tour, auf dem Heinrich-Heine-Weg mit der Markierung „Grüner Strich" unterwegs. Über den Zanthierplatz und das Waldhotel am Ilsestein geht es zurück zum Ausgangspunkt, dem Wanderparkplatz im Ilsetal. Wer im Anschluss an die lange Wanderung noch genügend Energie und Lust hat, der sollte das Kloster Ilsenburg oder das sehenswerte Hütten- und Technikmuseum in Ilsenburg besichtigen.

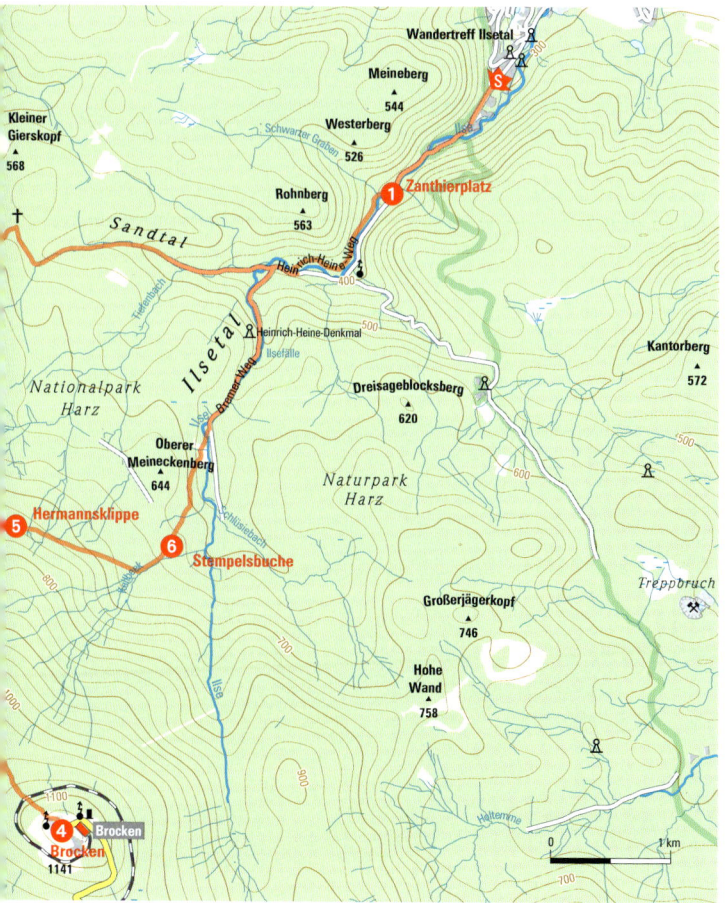

WANDERN IM HARZ / TOUR 10

10 Über den Eckerlochstieg zum Brocken

TOURINFO KOMPAKT

Anspruch:	Länge:	Dauer:	Höhendifferenz:
mittel	16,7 km	5:30 Std.	612 m

Von Schierke wandern wir auf einer sehr beliebten Route hinauf zum sagenumwobenen Brocken und können vom Gipfel mit der Brockenbahn nach Schierke zurückfahren.

Ausrüstung: Feste Wanderschuhe, Getränke und Verpflegung.

Anfahrt mit dem Auto: A395, weiter auf der B6/B4 und über Braunlage auf der B27 nach Schierke.

Anfahrt mit Bus & Bahn: Mit den Harzer Schmalspurbahnen nach Schierke.

Ausgangspunkt: Bahnhof Schierke
51° 45′ 53″ N 10° 40′ 46″ O

Einkehr: Verschiedene Gaststätten in Schierke.
Unsere Empfehlung:
Hotel & Restaurant „Zum Brockenstübchen" · Brockenstraße 39 · 38879 Schierke · Tel.: 03 94 55 / 2 52 · www.brockenstuebchen.de, sowohl einheimische als auch internationale Spezialitäten aus Wild, Lamm, Geflügel und Fisch in familiärer und ländlich-rustikaler Atmosphäre, täglich geöffnet.

▶ *Die Brockenbahn.*

HOCHHARZ / SCHIERKE

▶ *Auf dem Brocken.*

Wir beginnen unsere Wanderung am etwas außerhalb der Ortschaft gelegenen Schierker Bahnhof, gehen auf der Straße „Am Bahnhof" ins Zentrum von Schierke und biegen hier rechts auf die Hagenstraße ab. Diese geht sogleich über in die Brockenstraße, die uns durch den Ort und aus ihm hinausführt. Dabei hat man einen schönen Blick auf den Wurmberg mit seiner Skisprungschanze. An den Schluftwiesen queren wir hinter dem **Wasserwerk** ❶ die Schwarze Schluft und wenden uns nach rechts. Ging es bisher sanft bergauf, wird unser Pfad im Tal der Schwarzen Schluft nun steiler. Er mündet bald in einen Hauptweg, die uns bekannte Brockenstraße – auf dieser wandert man weiter in Richtung Eckerloch, immer entlang des Bachs

TOURPROFIL

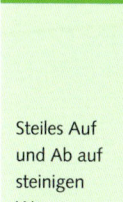

Steiles Auf und Ab auf steinigen Wegen.

WANDERN IM HARZ / TOUR 10

bis zur Goethebrücke. Hier verlässt man die Brockenstraße und wandert auf einem Waldweg weiter, es wird nun steiniger. Nach dem Überqueren der Brockenbahntrasse erreicht man bald die Schutzhütte und Sitzgelegenheiten im **Eckerloch** ❷ und kann nun neue Kräfte für den weiteren Aufstieg sammeln. Von hier führt uns der Eckerlochstieg teils auf mit Bohlen befestigten Wegen in nordöstliche Richtung, bis wir auf die Brockenstraße treffen und in diese nach links einbiegen. Wir passieren eine weitere **Schutzhütte** ❸ und folgen der Brockenstraße steil hinauf zum 1.141 m hohen **Brockengipfel** ❹. Hier oben kann man nicht nur die herrliche Aussicht vom weitläufigen Plateau der Kuppe genießen, sondern auch in der „Hexenklause" einkehren oder im „Brockenhaus" die Ausstellung zur Geschichte und Natur des Berges besuchen. Außerdem befinden sich auf dem Brocken der Endbahnhof der Brockenbahn, ein Fernmeldeturm, eine Wetterstation und das 1736 errichtete Wolkenhäuschen mit der Goethegedenktafel. Der Brockengipfel liegt über der natürlichen Waldgrenze, ist hohen Windgeschwindigkeiten ausgesetzt und rund 200 Tage im Jahr nebelverhangen, sodass man hier oben auch vom „Island-Klima" spricht. Zurück wandern wir auf der Brockenstraße und passieren wieder die bereits bekannte Schutzhütte in der ersten engen Kurve. Am Hang der Heinrichshöhe wandert man bis zur im „Brockenbett" gelegenen **Wernigeröder Skihütte** ❺. Man bleibt auf dem Hauptweg und wandert in südliche Richtung zum **Mönchsstein** ❻. Diesen haben Erzsucher vor Jahrhunderten als Wegmarkierung gesetzt. Dort verlassen wir die Brockenstraße schräg links und

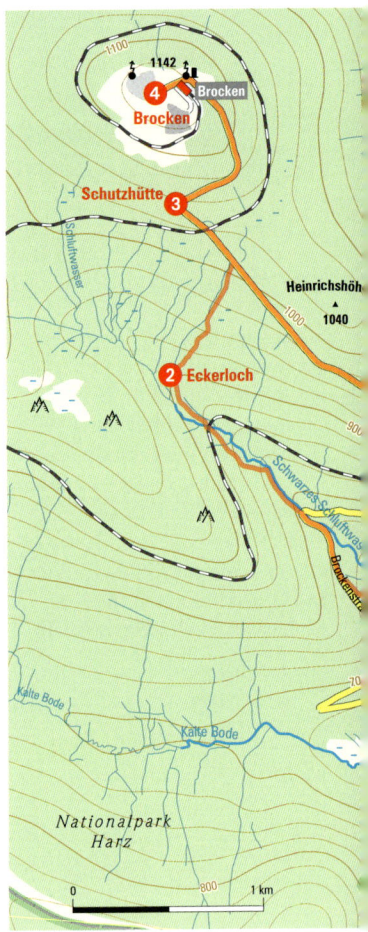

HOCHHARZ / SCHIERKE

folgen der Beschilderung über die „Alte Bobbahn" und den „Neuen Weg" zurück nach Schierke. Dabei quert man wieder die Bahntrasse und durch das Quellgebiet und herrlichen Wald kommt man zurück in die Ortschaft und zum Bahnhof, dem Ausgangspunkt der Tour.

VARIANTE

Wer statt mit der Brockenbahn mit dem Auto anreist, kann als schöne Variante die Wanderung auch am Parkplatz „Tälchen" an der Brockenstraße direkt in der kleinen Ortschaft Schierke starten.

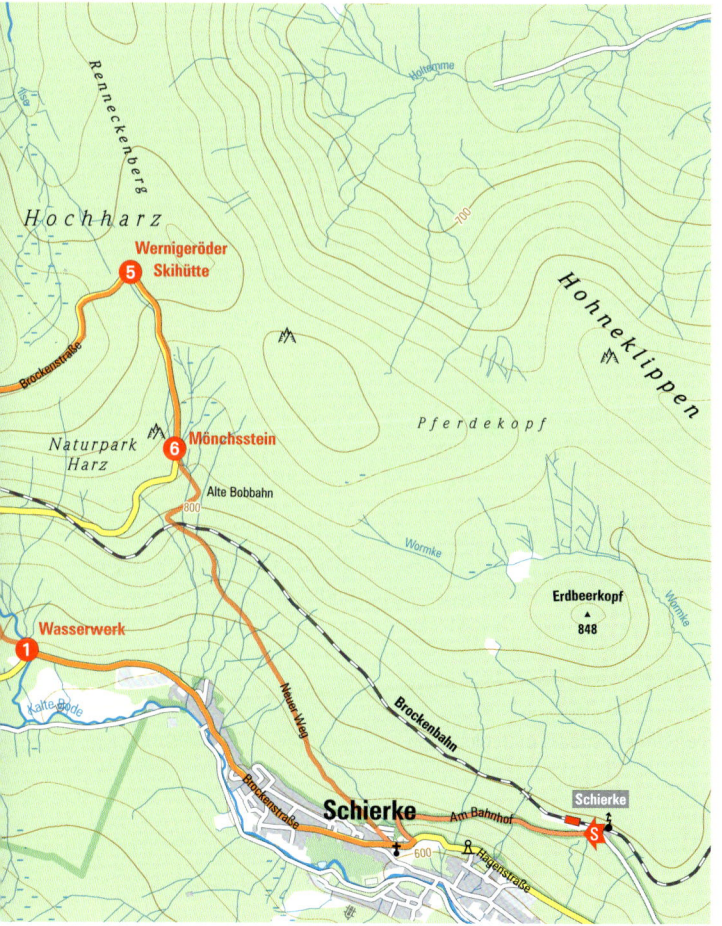

WANDERN IM HARZ / TOUR 11

11 Braunlager Aussichtsrunde

TOURINFO KOMPAKT

Anspruch:	Länge:	Dauer:	Höhendifferenz:
mittel	15,6 km	5:00 Std.	392 m

Entlang der Bode wandern wir zu den Aussichtspunkten Achtermannshöhe und Hahnenkleeklippen.

Ausrüstung: Wanderschuhe, Getränke und Verpflegung.

Anfahrt mit dem Auto: A38, Ausfahrt Nordhausen, weiter auf der B4 nach Braunlage. Oder A395, weiter auf der B4 über Torfhaus nach Braunlage.

Anfahrt mit Bus & Bahn: Mit dem Zug nach Bad Harzburg, weiter mit dem Bus 820 nach Braunlage.

Ausgangspunkt: Parkplatz an der Wurmbergseilbahn in Braunlage
51° 43' 56" N 10° 36' 43" O

Einkehr: Mehrere Einkehrmöglichkeiten in Braunlage.
Unsere Empfehlung:
Zur Tanne · Herzog-Wilhelm-Straße 8 · 38700 Braunlage · Tel.: 0 55 20 / 9 31 20, www.tanne-braunlage.de, mittags Bierstube, abends Gourmetrestaurant, Mo Ruhetag.

FREIZEITTIPPS

TIPP

Wurmberg Seilbahn
Tel.: 0 55 20 / 9 99 30
www.wurmberg-seilbahn.de
Erwachsene ab 4,50 €, Kinder ab 2 €.
Im Winter lockt der 971 m hohe, zweitgrößte Berg im Harz Skifahrer, Snowboarder, Langläufer und Schlittenfahrer an. In den Sommermonaten nutzen auch Wanderer die entspannte Fahrt zum Gipfel, auf dem sich die bekannte Skisprungschanze befindet.

„Harz vital und aktiv"-Kanufahrten
Tel.: 0 55 20 / 80 48 19
www.harz-vital.de
Organisierte Mountainbike-, Kletter-, Kanu-, Schneeschuh- oder Nordic Walking-Touren.

Am S Parkplatz der Wurmbergseilbahn-Talstation startet diese längere Wanderung.
Von hier orientieren wir uns nach rechts in die Straße „Am Pfaffenstieg" und wandern auf diesem und auf der Kurpromenade rechter Hand der Warmen Bode in Richtung Norden. Wir folgen dabei der Markierung „35D".
An der Kreuzung hält man sich links, quert die Bode und biegt sofort rechts in den Pfad ein.
Über Stock und Stein geht es nun am linken Ufer der Warmen Bode durch das herrliche Bodetal. Wir passieren die Kaskaden des Unteren Bodefalls und gelangen bald zum

OBERHARZ / BRAUNLAGE

Zusammenfluss von Großer und Kleiner Bode, die anschließend als Warme Bode in Richtung Braunlage weiterführt.

Unmittelbar hier steht links am Weg ein unscheinbarer Stein mit Ritzungen darauf, der **Venedigerstein** ❶, ein Denkmal der Harzer Bergbaugeschichte. Namenspaten waren Erzprospektoren aus Venedig, die im 15. und 16. Jh. im Harz auf der Suche nach Mineralien für ihre Glasmanufakturen waren. Weiterhin parallel zum Fluss führt uns der Pfad nun am Oberen Bodefall vorbei zur Alfred-Rieche-Schutzhütte an der **Bärenbrücke** ❷.

Wir überqueren diese und wandern nun östlich der Großen Bode hinauf bis zum „Bösen Hund" – dabei hält man sich weiterhin an die Markierung „35D". Hier führt linker Hand ein nicht beschilderter, aber verwunschener Pfad wieder westlich den Fluss hinauf, ehe wir bei einem alten Jagdhaus auf einen Hauptweg treffen, in den wir links einbiegen. Auf diesem wandern wir nun – der Markierung „35L" folgend – durch den dichten Nadelwald hinauf zur **Achtermannshöhe** ❸. Mit 926 m ist die Achtermannshöhe der vierthöchste Berg des Harzes. Der Sockel besteht aus dem Granit des Brockenmassivs, die felsige,

▶ *Das Gipfelkreuz auf dem Wurmberg.*

TOURPROFIL

Längere Tour mit angenehmem Anstieg.

WANDERN IM HARZ / TOUR 11

baumlose Kuppe des Achtermanns dagegen aus dem sogenannten Hornfels. Sie bietet uns eine fantastische Rundumsicht und ist von vielen Aussichtspunkten des Harzes gut zu erkennen. Der Markierung „31K" folgt man nun auf dem streckenweise steilen Weg über Achtermanns Tor und Achtermannsbrunnen hinab.

Ein Stück weiter unten trifft man auf den Milliardenweg, in den man links einbiegt und nach Königskrug wandert. Hier besteht in der **Waldgaststätte** ❹ eine Einkehrmöglichkeit. Bei einer deftigen Brotzeit, Harzer Spezialitäten oder Kaffee und Kuchen können wir uns gemütlich stärken.

Danach quert man die Bundesstraße B242 und wandert auf der Waldstraße, der Markierung „31H" folgend, zu den imposanten **Hahnenkleeklippen** ❺. Die Hahnenkleeklippen sind eine sehr steile, etwa 700 m breite Felswand oberhalb des Odertals. Beinahe senkrecht ragen die Felsen etwa 200 m in die Höhe – die Aussicht ist hier atemberaubend.

Anschließend gehen wir ein kurzes Wegstück, etwa 1 km, zurück und halten uns an der nächsten Gabelung scharf rechts. Bald stößt man auf eine Kreuzung und folgt dort dem linken Weg mit der Markierung „31G". Wir erreichen alsbald das ehemalige Forsthaus Brunnenbach am historischen Kaiserweg. Auf den umliegenden Weiden grasen Rinder der fast ausgestorbenen Rasse „Rotes Harzer Höhenvieh". Zurück nach Braunlage geht es nun auf der Alten Harzburger Straße. Dabei kreuzen wir erneut die B242 und passieren, nachdem wir den Wald verlassen und die Siedlung erreichen, einen als Naturdenkmal

OBERHARZ / BRAUNLAGE

geschützten **Bergahorn** ❻. Hier haben wir einen schönen Blick auf das im Bodetal gelegene Braunlage.

Zu unserem Ausgangspunkt kommt man schließlich über die Herzog-Johann-Albrecht-Straße, die Bismarckstraße, die Harzburger Straße und den Amtsweg zurück. Wer nach der langen Tour noch genug Energie und Lust hat, sollte die historische Altstadt von Braunlage besichtigen oder in einem der Gasthäuser noch gemütlich einkehren.

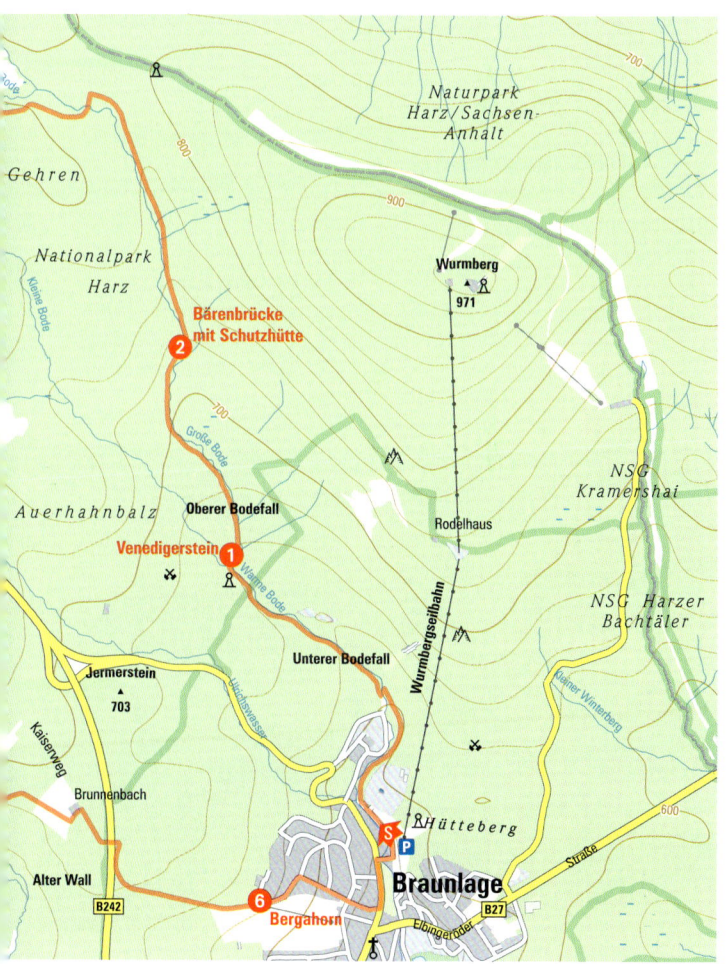

WANDERN IM HARZ / TOUR 12

12 Zum Oderteich

TOURINFO KOMPAKT			
Anspruch: schwer	Länge: 18,4 km	Dauer: 6:00 Std.	Höhendifferenz: 480 m

Wir wandern durch das imposante Odertal zum Oderteich im Nationalpark Harz.

Ausrüstung: Wanderschuhe, Getränke.

Anfahrt mit dem Auto: A7, Ausfahrt Northeim, weiter auf der B248/B241/B27 über Herzberg am Harz nach Sankt Andreasberg.

Anfahrt mit Bus & Bahn: Mit dem Zug nach Herzberg, weiter mit dem Bus 450 nach Sankt Andreasberg Haltestelle „Am Glockenberg", von hier mit der 840 zur Haltestelle „Jordanshöhe".

Ausgangspunkt: Parkplatz am Kurhaus in Sankt Andreasberg
51° 42' 54" N 10° 31' 19" O

Einkehr: Diverse Gastronomie in Sankt Andreasberg.
Unsere Empfehlung:
Zur kleinen Kapelle · Herrenstraße 11 · 37444 Sankt Andreasberg · Tel.: 0 55 82 / 99 96 85, www.zur-kleinen-kapelle.de, rustikale Küche, Di Ruhetag.

▶ Steg am Rehberger Graben.

OBERHARZ / SANKT ANDREASBERG

▶ *Blick auf den Oderteich.*

Startpunkt unserer Wanderung ist der **S** Parkplatz am Kurpark in Sankt Andreasberg. Von hier biegen wir rechts in die Clausthaler Straße ab und gleich wieder links in die Braunlager Straße. Nach einigen Metern zweigt rechts ein Pfad ab, der uns in einem kleinen Bogen südlich an einigen Gebäude entlangführt, bevor man wieder auf die Braunlager Straße trifft, diese quert und schräg links in einen Forstweg abbiegt. Dieser führt uns in östlicher Richtung in das Gebiet des Nationalparks Harz hinein und in einem engen Rechtsbogen zum oberen Ende des Windeltreppentals. Noch vor dem Bach biegt man

TOURPROFIL

Anspruchsvolle Wanderung auf gut begehbaren Wegen.

WANDERN IM HARZ / TOUR 12

links ab und folgt dem Pfad steil durch den Wald bergab. Wir treffen auf eine T-Kreuzung und biegen links ab. Alternativ könnte man rechts einen kurzen Abstecher zur Waldgaststätte Rinderstall machen, wo wir gemütlich einkehren und uns für den weiteren Wegverlauf stärken können. Im Odertal wandern wir nun in nördliche Richtung immer geradeaus und stetig sanft bergauf. Zumeist führt uns der Weg durch den Wald, manchmal berührt er aber auch die lichten Auenlandschaften des Baches. Bald kommt man an eine Kreuzung, geht geradeaus weiter und wenige Meter später wird die Oder überquert. Steil ragen rechter Hand die beeindruckenden Felswände der **Hahnenkleeklippen** ❶ auf.

FREIZEITTIPPS

Bergwerkmuseum Grube Samson
Tel.: 0 55 82 / 12 49
www.harzer-roller.de/grube/de/frames/text.html
Täglich geöffnet, Erwachsene 4,50 €, Kinder 2,25 €. In der teilweise noch im Originalzustand erhaltenen Bergbauanlage, die seit 2010 zum UNESCO-Welterbe gehört, wird die Geschichte und Technik des Bergbaus deutlich.

Sommerrodelbahn
Tel.: 0 55 82 / 2 65
www.alberti-lifte.de
Bei gutem Wetter tgl. ab 9:30 Uhr geöffnet, Fahrt ab 2 €.
550 m lang bietet die Sommerrodelbahn Spaß für die ganze Familie.

Für die nächsten Kilometer wandert man nun immer am rechten Bachufer entlang, quert den Kleinen Rauschebach und steht alsbald vor dem malerischen **Oderteich** ❷, unserem Ziel. Die Talsperre Oderteich ist ein bedeutender Bestandteil des „Oberharzer Wasserregals" und wurde von den Bergleuten aus Sankt Andreasberg zwischen 1715 und 1722 erbaut. Über den Rehberger Graben, den wir auf dem Rückweg unserer Wanderung passieren, wird das Wasser nach Sankt Andreasberg geleitet und treibt dort heute noch mehrere Wasserkraftwerke im Teichtal, in der Grube Samson und im Sperrluttertal an. Bei gutem Wetter kann man hier einen Stopp zum Baden einlegen. Ein kurzes Wegstück geht man an der Sperrmauer entlang und biegt anschließend links ab. Auf der anderen Talseite führt uns der Weg nun auf mittlerer Höhe an den Hängen des Odertals zurück.
Man folgt immer dem Hauptweg und quert dabei zunächst die „Hühnerbrühe" und bald den Rehbach, bevor eine kleine **Schutzhütte** ❸ erreicht wird. Nach der Überquerung eines weiteren Zuflusses ins Odertal gelangt man zum **Goetheplatz** ❹ unterhalb der Hohen Klippen. Auch hier bietet sich uns ein beeindruckendes Naturschauspiel, das man unbedingt genießen sollte. Ein Abzweig führt zu einem Aussichtspunkt und zur Hedwigsquelle droben auf den imposanten Klippen. Wir bleiben jedoch auf

OBERHARZ / SANKT ANDREASBERG

dem Hauptweg und erreichen bald mit einer weiten Rechtskurve die gemütliche **Waldgaststätte Rehberger Grabenhaus** ❺, eine willkommene Einkehrmöglichkeit.
Weiter geht es entlang des Rehberger Grabens, man quert das „Lochwasser", hält sich an der Kreuzung links und an der sofort folgenden Weggabelung rechts. Über die **Jordanshöhe** ❻ mit ihrer großartigen Aussicht auf Sankt Andreasberg wandern wir zurück zum Ausgangspunkt unserer Tour, dem Parkplatz am Kurhaus in Sankt Andreasberg.

WANDERN IM HARZ / TOUR 13

13 Von Hohegeiß zum Ebersberg

TOURINFO KOMPAKT

Anspruch:	Länge:	Dauer:	Höhendifferenz:
mittel	11,2 km	3:30 Std.	343 m

Vom Bergdorf Hohegeiß wandern wir durch einsame Täler und verwunschene Wälder zum Vorderen Ebersberg und zum Naturdenkmal „Dicke Tannen".

Ausrüstung: Feste Wanderschuhe, Getränke und Verpflegung.

Anfahrt mit dem Auto: A395 oder B6 bis Bad Harzburg, weiter auf der B4 über Braunlage nach Hohegeiß. Oder A38, Abfahrt Nordhausen, auf der B4 weiter bis Hohegeiß.

Anfahrt mit Bus & Bahn: Mit dem Zug nach Walkenried oder nach Benneckenstein, weiter mit dem Bus 455 bzw. 277 nach Hohegeiß.

Ausgangspunkt: Parkplatz an der B4 am nördlichen Ortsausgang Hohegeiß
51° 40′ 12″ N 10° 40′ 5″ O

Einkehr: Unsere Empfehlung: Waldgasthaus Wolfsbachmühle · Wolfsbachtal · 38700 Hohegeiß · Tel.: 0 55 83 / 93 91 92 · www.wolfsbachmuehle.de, Wildspezialitäten, Mo Ruhetag.

Zunächst wandern wir vom **S** Parkplatz rechts entlang der Bundesstraße B4 auf einem Fußweg parallel zur ehemaligen deutsch-deutschen Grenze. Bald überquert unser Weg die B4 und führt uns in einer Allee bergan zum **Bechlerstein** ❶ mit Schutzhütte und Grillplatz. Hier befinden sich auch das Jugendheim „Heimathütte" und ein Parkplatz. Wir folgen nun dem „Blauen Dreieck im Blauen Kreis" und gehen auf der zunächst noch asphaltierten Ebersbergstraße bergauf. Nach etwa 300 m biegen wir links auf den Kammweg ab und erwandern auf ihm den **Vorderen Ebersberg** ❷ – mit 681 m ü. NN der höchste Punkt der Wanderung. Durch einsame Fichtenwälder geht man auf dem Kammweg weiter, bis man auf die Kreuzung mit dem Wurzelstieg trifft, in den man scharf links einbiegt. Im Tal kreuzen wir eine Wiese und treffen alsbald auf die Wolfsbachstraße. Hier verlassen wir die blaue Markierung und wandern leicht rechts der Wolfsbachstraße auf einem Pfad mit der Beschilderung „Heimathütte", bis wir den Drosselweg erreichen. Auf ihm wandern wir rechter Hand hinab ins Gretchental. An der Gabelung nehmen wir nicht den linken Zweig zurück nach Hohegeiß, sondern den rechten – immer am

OBERHARZ / HOHEGEISS

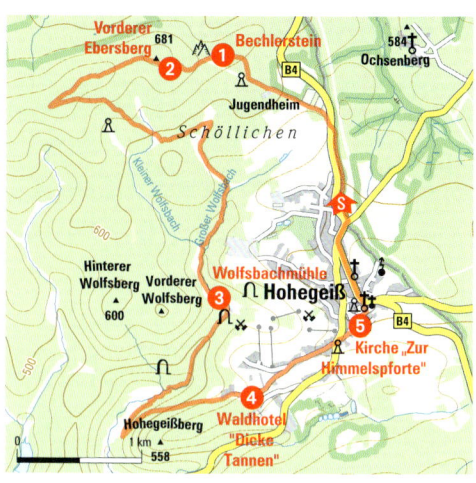

Großen Wolfsbach entlang – zur **Wolfsbachmühle** ❸, einer Einkehrmöglichkeit. Durch Laubwaldstücke wandern wir weiter und stoßen nach etwa 1 km auf das Naturdenkmal „Dicke Tannen", ein unter Naturschutz stehendes Gebiet mit zahlreichen über 350 Jahre alten und bis zu 50 m hohen Fichten bzw. Rottannen. Auf einem Steg quert man nun den Wolfsbach, geht einige Stufen abwärts und hält sich dann rechts. Der geradeaus direkt in das Gebiet der „Dicken Tannen" führende Weg ist wegen morscher Bäume gesperrt. Bald gelangen wir zum Forstweg „Alte Bobbahn", erblicken links wieder das Naturdenkmal, diesmal den oberen Bereich, und wandern rechts in Richtung **Hotel „Dicke Tannen"** ❹, einer idyllisch gelegenen Rastmöglichkeit. Auf der Bobbahn wandern wir nun weiter bergauf und zurück in die Ortschaft Hohegeiß. Hier queren wir die „Lange Straße" und wandern auf der Hubertusstraße zur schmucken **Holzkirche „Zur Himmelspforte"** ❺. Sie wurde in den Jahren 1701 bis 1704 im barocken Stil errichtet und ist somit über 300 Jahre alt. Ein Blick in die weiß gehaltenen Innenräume auf Kanzel, Altar und Chor ist ein Muss. Von hier aus geht es in nördliche Richtung über die Kirchstraße zurück zu unserem Ausgangspunkt, dem Parkplatz an der B4.

TOURPROFIL

Sanftes Auf und Ab.

WANDERN IM HARZ / TOUR 14

14 Zillierbachtal und Kaiserturm

TOURINFO KOMPAKT

Anspruch:	Länge:	Dauer:	Höhendifferenz:
mittel	12,4 km	3:30 Std.	180 m

Vom Harzer Schmalspurbahnen-Bahnhof Drei Annen Hohne wandern wir über die Talsperre Zillierbach und den Kaiserturm nach Wernigerode. Mit den urigen Harzer Schmalspurbahnen geht es zurück.

Ausrüstung: Feste Wanderschuhe, ausreichend Verpflegung und Getränke.

Anfahrt mit dem Auto: A395 und B6 nach Wernigerode, weiter nach Drei Annen Hohne.

Anfahrt mit Bus & Bahn: Mit dem Zug nach Wernigerode oder Drei Annen Hohne.

Ausgangspunkt: Bahnhof Drei Annen Hohne
51° 46' 14" N 10° 43' 39" O

Einkehr: Unsere Empfehlung: Waldgasthaus Armeleuteberg · Armeleuteberg 1 · 38855 Wernigerode · Tel. 0 39 43 / 63 22 79 · www.armeleuteberg.de, sehr nette Atmosphäre, vielfältige Speisekarte mit typisch deutschen Gerichten und Wildspezialitäten, April–Okt. tgl. geöffnet, sonst Mi–So.

Wir beginnen unsere Wanderung am $ Bahnhof Drei Annen Hohne. Vom Vorplatz aus hält man sich links und biegt an der Kreuzung rechts in die Straße „Drei Annen Hohne" ein. Ein kurzes Stück führt unser Weg in Richtung Elbingerode, bevor wir einige Meter hinter dem Wanderparkplatz die Straße auf einem links abzweigenden Pfad verlassen. Der Markierung „Rotes Dreieck" folgt man nun durch das Tal des Zillierbachs. Zunächst wandert man durch dichten Nadelwald am östlichen Ufer entlang, ehe man an eine kleine **Brücke** ❶ kommt. Wir queren den Zillierbach und einige Schritte später einen weiteren Wasserlauf.

Am Wegestern orientiert man sich nach rechts und wandert jetzt auf dem Hauptweg immer am Ufer

▶ *Am Bahnhof in Drei Annen Hohne.*

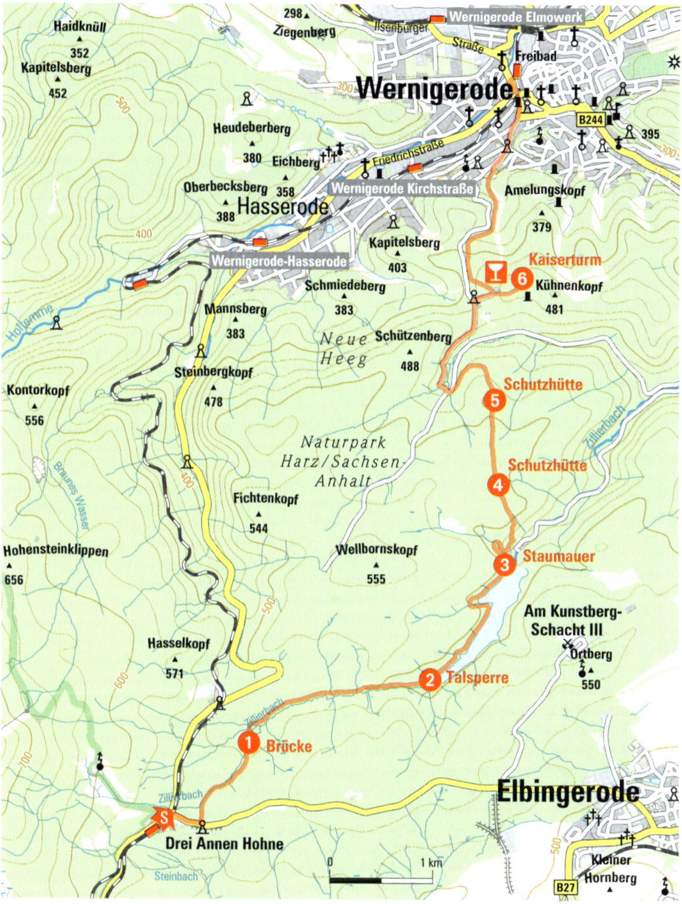

OBERHARZ / DREI ANNEN HOHNE v

TOURPROFIL

— 12,4 km Länge

Angenehme Talwanderung.

des sprudelnden Zillierbachs zur **Talsperre** ❷. Lang und schmal erstreckt sich der Stausee vor uns, sodass er eher an einen breiten Fluss erinnert. Auf der nördlichen Seeseite führt uns der Weg immer am Ufer weiter, bis wir einen kleinen Schlenker durch den „Langen Bruch" machen. Wenig später ist die **Staumauer** ❸ erreicht. 45 m ist sie hoch und bietet eine gute Aussicht auf den See in südliche Richtung und auf die Auenlandschaft des Zillierbachtals in nördliche Richtung. Man folgt nun weiter dem Hauptweg, beschreibt eine 180-Grad-Kehre, und geht dann links auf einem Pfad weiter.

Immer noch der Markierung „Rotes Dreieck" folgend, passiert man alsbald eine **Schutzhütte** ❹ an einer Weggabelung. Man wandert jedoch geradeaus, ignoriert auch die nächsten Kreuzungen und trifft schließlich am Hang des Himmersbergs auf eine weitere kleine **Schutzhütte** ❺. Nun führt uns der Weg in einer großen Linkskurve den westlichen Hang des Himmersbergs hinunter. Dort kommt man schließlich auf den Hauptweg, quert diesen und einen Bach und gelangt auf den nächsten Hauptweg, auf dem man erneut einen Bach kreuzt. Diesem Hauptweg folgend, erreichen wir alsbald den Försterplatz und den

▶ *Der Kaiserturm.*

OBERHARZ / DREI ANNEN HOHNE

Hans-Hoffman-Gedenkstein. Man hält sich hier rechts, kommt an der Waldgaststätte Armeleuteberg vorbei und wandert hinauf zum **Kaiserturm** ❻. Von seiner Aussichtsplattform in 12 m Höhe hat man einen herrlichen Blick auf die Stadt Wernigerode und das idyllische Harzvorland.

Im Jahr 1902 wurde sein Bau durch eine Stiftung des Kaufmanns Lührmann ermöglicht, 1992 restaurierte man ihn. Nun geht es auf dem gleichen Weg hinab nach Armeleuteberg, man hält sich hier rechts und gelangt auf einem Pfad nach Wernigerode. Dieser mündet in die Salzbergstraße, über die wir den Bahnhof Westerntor und die Innenstadt erreichen. Hier lohnt sich ein Rundgang durch die historische Altstadt. Zurück zu unserem Ausgangspunkt nach Drei Annen Hohne kommen wir entweder mit der Harzer Schmalspurbahn oder der Buslinie 257.

▶ *Das festlich beleuchtete Rathaus in Wernigerode.*

WANDERN IM HARZ / TOUR 15

15 Hasselfelder Seenwanderung

TOURINFO KOMPAKT			
Anspruch: schwer	Länge: 23,0 km	Dauer: 6:00 Std.	Höhendifferenz: 431 m

Durch die Wälder und Täler des Hochharz bei Hasselfelde wandern wir zum Carlshausturm und genießen dort die Aussicht auf zwei Bodetalvorsperren.

Ausrüstung: Feste Wanderschuhe, ausreichend Getränke und Verpflegung, evtl. Badesachen.

Anfahrt mit dem Auto: A38, Abfahrt Nordhausen, weiter auf der B4 und der B81 nach Hasselfelde. Oder A395, weiter auf der B6 und der B81 nach Hasselfelde.

Anfahrt mit Bus & Bahn: Mit dem Zug nach Hasselfelde.

Ausgangspunkt: Hasselfelde Bahnhof 51° 41' 17" N 10° 51' 1" O

Einkehr: Mehrere Einkehrmöglichkeiten in Hasselfelde.
Unsere Empfehlung:
Restaurant Lotus · Breite Straße 23 · 38899 Hasselfelde · Tel.: 03 94 59 / 7 22 33 · www.lotushasselfelde.de, familiäres, chinesisches Restaurant, tgl. geöffnet.

Am **S** Hasselfelder Bahnhof beginnen wir unsere Tour und verlassen den Ort über die Straße „Kirschenberg" in südliche Richtung. Man erreicht sogleich ein Waldstück, wandert einige Meter am Waldrand entlang und kommt dann an eine Kreuzung mit **Schutzhütte** ❶. Hier verlässt man den Hauptweg, orientiert sich schräg rechts und durchquert den Nadelwald geradewegs auf einer Langlaufloipe. An der Lichtung trifft man auf einen Weg und quert auf diesem einen Bach. Der Weg beschreibt eine Linkskurve, bevor wir uns an der sogleich folgenden Kreuzung rechts halten. Nun geht es weiter geradeaus, bis man auf die Bundesstraße B81 trifft und am Radeweghaus eine Rast bei **„Bienchens Roter Gulaschkanone"** ❷, einer Feldküche, einlegen kann. Noch vor der Lichtung führt uns der Weg wieder rechts in den Wald hinein. Auf einem breiten Forstweg wandert man am Naturschutzgebiet Radeweg in Richtung Trautenstein. In der bald folgenden Rechtskurve können wir einen Blick auf eine moorige Waldwiese erhaschen, ehe wir auf eine größere Kreuzung treffen, uns dort nach links wenden und den Wegweisern zum Carlshausturm folgen: An der T-Kreuzung führt die Route nach links, an der Gabelung auf dem

UNTERHARZ / HASSELFELDE

▶ *Die Hasselvorsperre.*

Pfad geradeaus über eine Wiese hinauf zum **Carlhausturm** ❸. Von der 50 m hohen Stahlkonstruktion, die auf der 626 m hohen Carlshaushöhe liegt und auch als Funkturm der Harzer Schmalspurbahnen dient, hat man einen herrlichen Blick auf die Talsperren, auf Hasselfelde und bei gutem Wetter bis zum Brocken. Wir verlassen die Höhe in westliche Richtung, ignorieren die ersten drei Kreuzungen und Gabelungen und wenden uns an der vierten Kreuzung nach rechts. Wenige Meter später erreicht man eine Forststraße, geht einige Schritte auf ihr nach links und verlässt sie wieder auf einem rechts abzweigenden Pfad. Auch dieser gabelt sich, man hält sich rechts und wandert geradeaus in nördliche Richtung zum Dammbachtal. Rechter Hand des Baches

TOURPROFIL

Anspruchsvolle Pfade und bequeme Waldwege.

durchwandern wir nun auf einem mitunter feuchten Pfad die unter Naturschutz stehende, malerische Auenlandschaft. Der Dammbach mäandriert fast auf der gesamten Talbreite und hin und wieder fließen ihm kleinere Bäche zu. Man kommt nach einer kleinen Anhöhe zu einer Schutzhütte, wandert dann auf einem befestigten Weg weiter zum **Naturbad Dammbach** ❹, das in idyllischer Lage zu einem Sprung ins kalte Nass einlädt. Schließlich erreicht man die Ortschaft Trautenstein und hat hier die Möglichkeit zur Einkehr. Wir durchwandern den Ort auf der Hasselfelder und der Sägemühlenstraße und folgen am Ortsausgang den Wegweisern zur Rappbodevorsperre. Zunächst durchquert man wieder die herrliche Wiesen- und Bachlandschaft westlich der Rappbode, bis man auf den **Stausee der Rappbodevorsperre** ❺ und eine Rastmöglichkeit trifft. Immer linker Hand am Wasser entlang, biegt man bald links in ein Seitental ein und überquert auf der „Weißen Brücke" einen Zufluss des Stausees. Gleich hinter der Brücke führt uns der Weg rechts auf einem Pfad wieder an den See heran. Wir folgen ihm bis zur Sperrmauer, queren diese und biegen rechts auf einen Pfad ein, der uns leicht oberhalb des Sees an diesem entlang führt, sodass wir ihn fast vollständig umrunden. Dabei passiert man das Bodendenkmal der ehemaligen Trageburg, einer Anlage zum Schutz der Furt. Nun befindet man sich auf dem Harzer-Hexen-Stieg und verlässt diesen bis zum Ende der Wanderung nicht mehr. An der Weggabelung am Ende des Sees halten wir uns links und wandern nun in westliche Richtung immer geradeaus zur **Hasselvorsperre** ❻, biegen an der T-Kreuzung rechts ab und setzen unseren Weg ufernah

UNTERHARZ / HASSELFELDE

in Richtung Hagenmühle fort. Man biegt, den See und die Hassel verlassend, auf die Hagenstraße ein, passiert das imposante Hotel Hagenmühle und erreicht alsbald Hasselfelde. Die Hagenstraße geht in die Bahnhofsstraße über und bald kommen wir wieder am Ausgangspunkt, dem Bahnhof, an.

RAPPBODETALSPERRE

Die Rappbodetalsperre ist der zentrale Teil eines komplexen Talsperrenverbundsystems. Dazu gehören die Hassel- und Rappbodevorsperre, das Hochwasserschutzbecken Kalte Bode, die Überleitungssperre Königshütte und die Talsperre Wendefurth.

WANDERN IM HARZ / TOUR 16

16 Auf Teufels Spuren

TOURINFO KOMPAKT

Anspruch:	Länge:	Dauer:	Höhendifferenz:
leicht	7,1 km	3:00 Std.	231 m

Dies ist eine kurze, aber anspruchsvolle Wanderung auf abenteuerlichen Wegen, die auch Kindern Spaß macht. Im Anschluss lockt das Städtchen Blankenburg mit der historischen Altstadt, Burg Regenstein, barocken Schlössern und Gartenanlagen.

Ausrüstung: Feste Wanderschuhe, Getränke und Verpflegung.

Anfahrt mit dem Auto: A395/B6, weiter über Wernigerode nach Blankenburg.

Anfahrt mit Bus & Bahn: Mit dem Zug nach Blankenburg (Harz).

Ausgangspunkt: Parkplatz am Schnappelberg
51° 47' 20" N 10° 57' 38" O

Einkehr: Diverse Gastronomie in Blankenburg.
Unsere Empfehlung:
Restaurant Großvater · Großvaterweg 15 · 38889 Blankenburg · Tel.: 0 39 44 / 36 39 28 · www.hotel-grossvater.de, gutbürgerliche Küche, Mo Ruhetag.

▶ Hoch ragt die Felsformation „Hamburger Wappen" auf.

UNTERHARZ / BLANKENBURG

▶ Blick auf den „Großvaterfelsen".

Vom **S** Parkplatz „Am Schnappelberg" nimmt man die auf der östlichen Seite gelegene Treppe hinunter zur Hasselfelder Straße, quert diese und wandert auf der Heidelberger Straße in Richtung Teufelsmauer. Zur Mauer kommt man zwar auch über den nahen Treppenzugang, wir nehmen aber den bald folgenden, leicht ansteigenden Weg mit dem Wegweiser zum Hamburger Wappen. Nördlich der Teufelsmauer wandert man nun immer unterhalb des Kammwegs am Hang der Mauer entlang und passiert dabei eine **Schutzhütte** ❶. Ab und an geben die Bäume linker Hand den Blick auf das Tal frei. Zwar trifft man immer wieder auf links und rechts abzweigende Pfade,

TOURPROFIL

Wanderung auf Wald- und Felsenpfaden.

WANDERN IM HARZ/ TOUR 16

man bleibt aber jeweils auf dem Hangweg auf mittlerer Höhe. Nach rund 2 km erreicht man mit dem „Sautrog" eine Schlucht und eine **Schutzhütte** ❷. Mit dem originellen Fuchsbau trifft man kurze Zeit später auf einen weiteren Unterstand für Wanderer. Den Abzweig zur Ortschaft Helsunger Krug ignorieren wir und erreichen alsbald die imposante **Felsformation des Hamburger Wappen** ❸. Sie ähnelt in seiner Kontur dem Wappen der Hansestadt und erhielt daher ihren Namen. Sie ist als Naturdenkmal ausgewiesen und bietet eine hervorragende Aussicht, insbesondere in südliche Richtung auf den Unterharz. Nun geht man ein kurzes Wegstück „auf dem Wappen" zurück, wendet sich anschließend an der Weggabelung links, folgt der Markierung „Blauer Punkt" und wandert auf einem bequemen Pfad südlich der Teufelsmauer durch den Wald. Zweimal erhascht man einen Blick auf das freie Feld, ehe es ein kurzes Stück entlang der Landstraße weitergeht. Am Wegweiser „Kammweg" verlassen wir diese, biegen wieder rechts in den Wald ein und treffen dann auf den Kammweg und orientieren uns an der Markierung „Blauer Punkt". Wandert man zunächst noch auf einem bequemem Weg entlang des Höhenrückens, verwandelt sich dieser bald in einen felsigen Pfad. Hier ist nun ein wenig Technik gefragt, und auch die Hände müssen ab und an zur Hilfe genommen werden. Die markantesten Stellen des Felsenpfades sind jedoch mit einem Geländer gesichert. Immer wieder bieten sich

▶ *Die Barockgärten des Kleinen Schlosses.*

UNTERHARZ / BLANKENBURG

uns herrliche Ausblicke – auf den Felsenpfad und die Teufelsmauer vor uns oder auf die Landschaften jenseits des Kamms. Bald erreicht man den **Großvaterfelsen** ❹, den vielleicht schönsten Aussichtspunkt dieser Wanderung. Er diente früher als religiöse Stätte, um Wodan zu huldigen. Unterhalb des Felsens befindet sich das gleichnamige Hotel – ein Abstecher zur Einkehr lohnt sich. Weiter führt uns der Weg links am Großmutterfelsen vorbei, die Treppe hinunter und zurück in die Heidelberger Straße. Bevor wir jedoch zum Parkplatz wandern, biegen wir links in die Hasselfelder Straße ein und gleich wieder rechts in den „Schnappelberg" und erreichen das **Kleine Schloss** ❺ mit seinen prächtigen Barockgärten – eine der Sehenswürdigkeiten Blankenburgs. Gleich gegenüber befindet sich der Parkplatz, Ausgangspunkt unserer Tour.

KLOSTER MICHAELSTEIN

In der reizenden Landschaft vor den Toren von Blankenburg liegt der gut erhaltene Gebäudekomplex des ehemaligen Zisterzienserklosters Michaelstein.
Heute wird die Anlage als Musikinstitut zu Forschungs-, Weiterbildungs- und Aufführungszwecken genutzt und daneben auch als Museum. Gezeigt wird eine Sammlung historischer Musikinstrumente, die aus dem 17. bis 19. Jh. stammen. Über 700 Exponate informieren Besucher über die Geschichte und Entwicklung verschiedener Musikrichtungen.

Michaelstein 3
38889 Blankenburg (Harz)
Tel.: 0 39 44 / 9 03 00
www.kloster-michaelstein.de
April–Okt. täglich 10–18 Uhr,
Nov.–März Di–Sa 14–17 Uhr,
So 10–17 Uhr. Führungen sind nach Voranmeldung auch außerhalb der Öffnungszeiten möglich.

V WANDERN IM HARZ / TOUR 17

17 Durch das schönste Tal des Harzes

TOURINFO KOMPAKT

Anspruch:	Länge:	Dauer:	Höhendifferenz:
schwer	18,5 km	5:30 Std.	617 m

Auf den Spuren der Hexen geht es durch das Bodetal, den „Grand Canyon" des Harzes – die wilde, schroffe Landschaft macht sie zu einer der herausragenden Wandergegenden des Harzes.

Ausrüstung: Feste Wanderschuhe, Sonnenschutz.

Anfahrt mit dem Auto: A395 bis Ende oder A14 bis Abfahrt Bernburg, weiter auf der B6 der Beschilderung bis Thale folgen.

Anfahrt mit Bus & Bahn: Mit dem Zug nach Thale.

Ausgangspunkt: Bahnhof Thale
51° 44' 44" N 11° 1' 52" O

Einkehr: Unsere Empfehlung: Gaststätte & Pension „Kleiner Waldkater"· Kleiner Waldkater 1 · 06502 Thale · Tel.: 0 39 47 / 28 26 · www.kleiner-waldkater.de, beliebter Treffpunkt von Einheimischen, Touristen und Wanderern, deftige Speisen in rustikalem Ambiente, täglich geöffnet.

Startpunkt der Tour ist am Bahnhof in Thale. Von hier durchquert man den gegenüberliegenden Hubertuspark und passiert dabei die hübsche St. Petri-Kirche. Sie wurde Anfang des 20. Jh. unter der Schutzherrschaft der Kaiserin Auguste Victoria errichtet, als durch den Aufschwung des Eisenhüttenwerks und wegen des gleichzeitigen Bevölkerungsanstiegs die alte Dorfkirche zu klein wurde. Wir biegen rechts in die Hubertusstraße ein und folgen ihr zum Ortsausgang. Rechter Hand kommt man an einer Brücke vorbei, ehe man links in einen Pfad einbiegt, der uns in Serpentinen hinauf zum Hexentanzplatz führt. Mit diesem kräftigen Anstieg gleich zu Beginn der Tour ist die größte Anstrengung bereits gemeistert, denn ab hier bleibt man größtenteils auf einer Höhe oder es geht leicht bergab mit kurzen Anstiegen. Der Hexentanzplatz umfasst ein großes Areal auf der rund 240 m hohen Hochfläche oberhalb

TIPP

Wem der erste Aufstieg zu anstrengend ist, der kann die Kabinenbahn als Alternative nutzen. Sie befindet sich am südwestlichen Ortsausgang (Goetheweg 1) und fährt direkt hinauf zum Hexentanzplatz.

UNTERHARZ / THALE

▶ *Eine Fahrt mit der Kabinenbahn erspart den Aufstieg.*

des Bodetals und bietet unterschiedliche Sehenswürdigkeiten. Zunächst kommt man an der Walpurgishalle und dem Bergtheater vorbei, dann an der Bergstation der Kabinenbahn Thale–Hexentanzplatz und weiter oben schließlich an Tiergarten, Information, Einkehrmöglichkeit und Bobbahn. Bietet der **Hexentanzplatz** ❶ heutzutage allerlei Amüsement für Alt und Jung, so diente er früher als Kultstätte der Germanen. Ein wenig Magie ist bis in die heutige Zeit erhalten geblieben, denn an Walpurgis, in der Nacht zum 1. Mai, findet hier ein rauschendes Hexenfest statt. Wahrhaft großartig sind aber auch immer wieder die Ausblicke auf die Ortschaft Thale, auf das tief eingeschnittene und urwüchsige Bodetal, den Brocken oder die Felsen der Rosstrappe. Weiter folgen wir der Beschilderung zur La-Vieres-Höhe in südwestliche Richtung, deren Aussicht ebenfalls

TOURPROFIL

Anstieg zum Hexentanzplatz, danach geht es stetig bergab.

WANDERN IM HARZ/ TOUR 17

atemberaubend ist: Sie befindet sich oberhalb des malerisch im Tal gelegenen Hirschgrunds; man kann von hier direkt auf die steil aufragenden Granitfelsen der gegenüberliegenden Rosstrappe blicken.

Wenige hundert Meter später trifft man auf einen Rastplatz und wandert weiter über die Hochfläche bis zu einer Landstraße. Diese kreuzt man nicht, sondern biegt rechts in einen bequemeren Forstweg ein und durchwandert den Buchenwald. Alsbald erreicht man das imposante **Pfeil-Denkmal** ❷, das dem Gründer der Preußischen Forstakademie, Friedrich Wilhelm Leopold Pfeil, gewidmet ist. Einige Meter weiter kann man einen kurzen Abstecher zur Försterei Dambachhaus machen, bevor es, immer auf dem Hauptweg bleibend, durch das Dambachtal weitergeht. An der Kreuzung mit einem weiteren Hauptweg hält man sich rechts und folgt den Wegweisern zum **Aussichtspunkt Weißer Hirsch** ❸. Dieser bietet eine schöne Sicht auf die unterhalb im Tal liegende Ortschaft Treseburg.

Schräg und steil am Talhang entlang erfolgt der Abstieg auf einem Pfad nach Treseburg. Am Ortseingang halten wir uns noch vor der Brücke rechts und wandern nun einige Kilometer immer parallel zum mäandrierenden Fluss durch das fantastische Bodetal. Zunächst umrundet man hierbei den Hagedornsberg bei Treseburg, bevor es am Großen Rabenstein vorbei und um den Langen Hals herum zum **Bodekessel** ❹ geht, einer ehemaligen Stufe in der Talschlucht. Jetzt wechseln wir über die schmale Teufelsbrücke auf die andere Seite der Bode und passieren den Abzweig zur imposanten Rosstrappe.

Über Hirschgrund und vorbei an der einladenden **Gaststätte Kleiner Waldkater** ❺ wandert man weiter am Flussufer entlang zurück nach Thale. An der Talstation der Bergbahn Thale–Hexentanzplatz vorbei und über die uns bekannte Hubertusstraße und den Hubertuspark kommen wir wieder zurück zum Bahnhof.

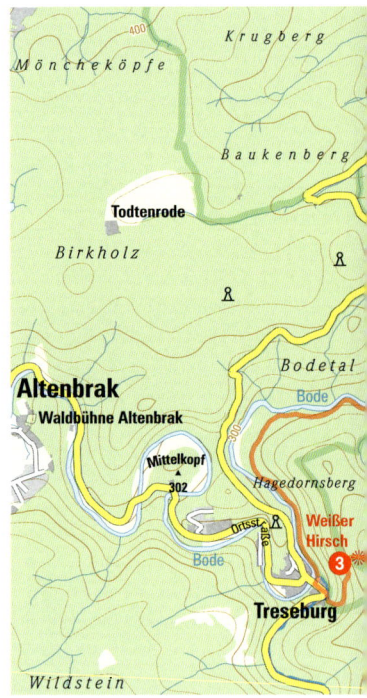

UNITERHARZ / THALE

▶ Skulptur am Hexentanzplatz.

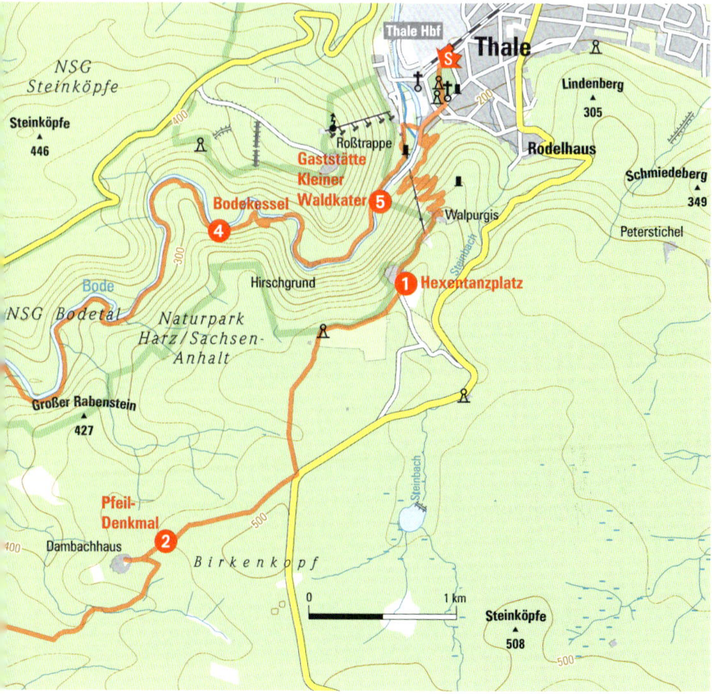

WANDERN IM HARZ / TOUR 18

18 Durch die Ramberger Wälder

TOURINFO KOMPAKT			
Anspruch: schwer	Länge: 20,6 km	Dauer: 6:00 Std.	Höhendifferenz: 615 m

Vorbei an Burgruinen und durch verwunschene Laubwälder wandern wir über das Rambergmassiv nach Friedrichsbrunn, dem höchstgelegenen Erholungsort im Harz.

Ausrüstung: Feste Wanderschuhe, Getränke und Verpflegung.

Anfahrt mit dem Auto: A395/B6, oder B81 weiter über Thale und Neinstedt nach Stecklenberg.

Anfahrt mit Bus & Bahn: Mit dem Zug nach Thale, vom Busbahnhof weiter mit dem Bus 10 nach Stecklenberg.

Ausgangspunkt: Kirche in Stecklenberg 51° 43' 56" N 11° 5' 11" O

Einkehr: Verschiedene Einkehrmöglichkeiten in Friedrichsbrunn und Stecklenberg.
Unsere Empfehlung:
Klobenberg-Baude · Klobenberg 4 · 06507 Friedrichsbrunn · Tel.: 03 94 87 / 3 63 · www.klobenbergbaude.de, Harzer Küche, tgl. geöffnet.

▶ *Blick auf den idyllischen Ochsensumpfteich.*

UNTERHARZ / STECKLENBERG

Ausgangspunkt unserer Wanderung ist die hübsche ⓢ Stecklenberger Kirche. Sie wurde im Jahr 1869 aus den Steinen der Stecklenburg erbaut und weist mit ihren zinnenartigen Treppengiebeln zwei besonders schön gestaltete Fassaden auf. Wir gehen ein kurzes Stück nach Norden, biegen rechts in die Süderöder Straße ein und orientieren uns am ersten abzweigenden Pfad wieder rechts durch den Wald den Berg hinauf. Wenige Schritte später folgt die nächste Gabelung, an der man erneut den rechten Weg hinauf zur **Stecklenburg-Ruine** ❶ wählt. Die schöne Aussicht auf den Ort belohnt uns für diesen ersten kleinen Anstieg. Weiter geht es nun jedoch steil bergauf zur ehemals imposanten Lauenburg. Zunächst nimmt man denselben kleinen Pfad zurück zur bereits bekannten Weggabelung, an der man nun dem mittleren der drei Wege und der Markierung zur **Lauenburg** ❷ folgt. Diese thront – ebenso wie die malerische Ruine der Stecklenburg – auf einem Ausläufer des Rambergmassivs und wurde von Heinrich IV. als zweiteilige Anlage mit Vorburg und Hauptburg erbaut. Sie sollte dem Schutz der Königspfalz Quedlinburg dienen und wurde 1164 erstmals urkundlich erwähnt. 1180 wurde die eindrucksvolle Festungsanlage jedoch von Kaiser „Barbarossa" erobert. Nachdem später noch zeitweilig Raubritter die Burg in Beschlag nahmen, wurde sie im 14. Jh. nahezu vollständig zerstört. Von der Lauenburg geht es wiederum ein Stück des Weges zurück, ehe man sich an der Kreuzung rechts hält und hinab ins Wurmbachtal wandert. Im Tal wenden wir uns nach links, folgen der Markierung „Grünes Dreieck" und wandern auf einem gut ausgebauten Weg stetig bergauf durch die Wald- und Felsenlandschaft des Wurmbachtals. Das „Grüne Dreieck" begleitet uns die nächsten Kilometer bis nach Friedrichsbrunn – ehemals bekannt für seine Spazierstockproduktion und Weihnachtsbaumhändler. Den größten Teil der Strecke wandern wir hierbei auf dem Hauptweg, erst kurz vor der Ortschaft geht es linker Hand auf einem Nebenweg leicht bergab weiter in die Ortschaft. Am Ortseingang biegt man links in die

TOURPROFIL

Idyllische Waldwanderung mit anstrengenden Anstiegen.

WANDERN IM HARZ / TOUR 18

Thalenser Straße ein, bevor es über Schreiberring und Schreiberstraße zur Hauptstraße geht. Sie führt uns zur **Bonhoefferkirche** ❸. Ihr gegenüber biegt man rechts ab und verlässt Friedrichsbrunn über Forststraße, Blocksberg und Klobersbergstraße. Alsbald folgen wir der Markierung „Gelbes Dreieck" und queren erneut die Thalenser Straße. Durch die Ramberger Wälder folgt man weiterhin dieser Markierung und erreicht bald den Abzweig zum **Ochsensumpfteich** ❹. Ab hier wandert man in nördliche Richtung, bis sich unser Weg mit einem Hauptweg vereint. Man folgt der Markierung „Blauer Kreis" und dem Wegweiser zur **Georgshöhe** ❺. Dort genießen wir nicht nur die herrliche Aussicht, sondern haben auch die Möglichkeit zu einer gemütlichen Einkehr, die uns für den restlichen Wegverlauf stärkt. Zurück geht es ein Stück desselben Weges, bevor man sich an der Kreuzung schräg links hält und, dem „Europäischen Fernwanderweg 11" folgend, hinab ins Wurmbachtal wandert. Bald vereinigt sich die Strecke wieder mit dem uns bekannten Hauptweg im Tal. Jetzt wendet man sich links und folgt diesmal der Markierung „Blauer Kreis" zurück nach Stecklenberg. Am Ortseingang passieren wir das **Naturfreundehaus** ❻ und folgen der Straße „Wurmtal" zurück zu unserem Ausgangspunkt der Tour.

Wandern | Rad | Laufen | Berge | Winter

outdooractive.com

Touren finden und planen.

Dein nächstes Abenteuer planst Du online.

→ Touren finden und eigene Touren planen (GPS-Track, 3D)

→ Ausdruck als Wanderkarte

→ Informationen und Bilder zu Regionen (Europa)

→ Beliebte Ausflugs- und Reiseziele

→ Community zum Austausch von Erfahrungen

→ Magazinbeiträge zu interessanten Outdoor-Themen

→ Alles kostenfrei nutzbar

NEU! Jetzt auch mit vielen mobilen Applikationen.

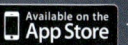 +

www.outdooractive.com

Du findest uns jetzt auch auf Facebook.
www.facebook.com/outdooractive

WANDERN IM HARZ / TOUR 19

19 Zur Burg Falkenstein

TOURINFO KOMPAKT

Anspruch:	Länge:	Dauer:	Höhendifferenz:
mittel	15,9 km	4:30 Std.	360 m

Durch Auenlandschaft und Waldabschnitte wandern wir zu einer der schönsten Burgen im Harz, der Burg Falkenstein.

Ausrüstung: Feste Wanderschuhe, Sonnenschutz, Getränke und Verpflegung für unterwegs.

Anfahrt mit dem Auto: A38 bis Ausfahrt Sangerhausen, weiter auf der B86 und B180 nach Quenstedt, dort links und über Falkenstein nach Meisdorf.

Anfahrt mit Bus & Bahn: Mit dem Zug nach Aschersleben, weiter mit dem Bus 416 nach Meisdorf zur Haltestelle Meisdorf Allee.

Ausgangspunkt: Schlosshotel Meisdorf 51° 42′ 14″ N 11° 17′ 11″ O

Einkehr: Verschiedene Einkehrmöglichkeiten in Meisdorf.
Unsere Empfehlung:
Familienhotel Thalmühle · Falkensteiner Weg 1 · 06463 Falkenstein/Harz · Tel.: 03 47 43 / 9 68 00 · www.hotel-thalmuehle.de, kleine Snacks, rustikale Brotzeiten und kühle Getränke im Kiosk und Biergarten des Hotels Thalmühle, im Sommer tgl. geöffnet.

Ausgangspunkt unserer Runde um die mittelalterliche Burg Falkenstein ist das S Schlosshotel Meisdorf in der „Allee". Von hier wandert man am Waldrand den Naturlehrpfad entlang der Selke zunächst zum Gasthof **„Zum Falken"** ❶.
Am folgenden Abzweig, dem Eselstieg, hält man sich links und nimmt dann den stetig ansteigenden Weg zur malerischen **Burg Falkenstein** ❷, die hoch droben auf einem Felssporn thront. Oben können wir das Museum besichtigen, eine gemütliche Rast in der Burggaststätte „Krummes Tor" einlegen oder einer Vorführung der Falknerei beiwohnen. Nach verdienter Pause verlässt man Burg Falkenstein auf dem kleinen Weg zum Gartenhaus entlang der Unkenteiche, wo auch eine Möglichkeit zur Rast besteht. Dieser führt uns zunächst seitlich den Felssporn hinunter und später an dessen Fuß entlang. Bald trifft man auf eine Freifläche und wendet sich rechts. Wir gehen ein Stückchen am Waldrand entlang und biegen alsbald links in die Straße „Burg Falkenstein" ein, folgen ihr und orientieren uns an der nächsten Weggabelung rechts. Die Strecke

UNTERHARZ / MEISDORF

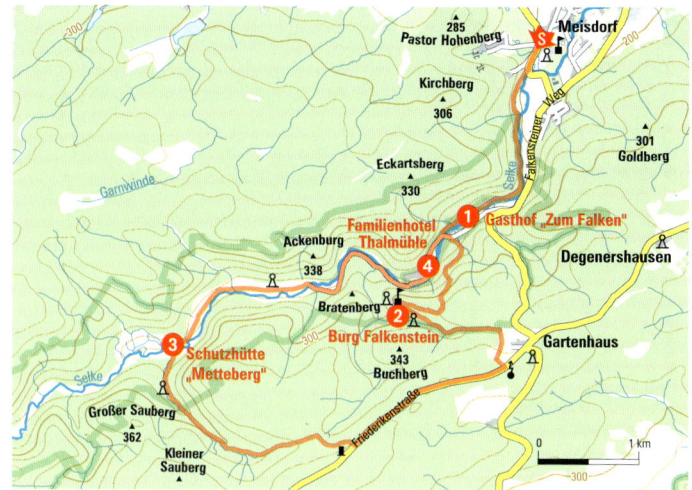

führt uns nun in Richtung Harzgerode und man wandert für ca. 2 km auf der Friederikenstraße geradeaus durch den dichten Wald bis zum Abzweig Hirschsteinweg am Wegestern.
Durch ein idyllisches Seitental der Selke und die Hirschplatte umrundend, wandert man nun wiederum ca. 2 km und erreicht schließlich das schöne Selketal sowie die **Schutzhütte „Metteberg"** ❸. Die Pause, diesmal in idyllischer Auenlandschaft, haben wir uns bestimmt verdient. Dann biegt man schließlich nach rechts und folgt dem Lauf der Selke bis zum netten **Familienhotel „Zur Thalmühle"** ❹. Ein kurzes Wegstück später trifft man wieder auf den bereits bekannten Gasthof „Zum Falken". Von hier ab ist der Weg identisch mit dem bereits bekannten Hinweg. Bald haben wir wieder unseren Ausgangspunkt am beeindruckenden Schlosshotel Meisdorf erreicht.

TOURPROFIL

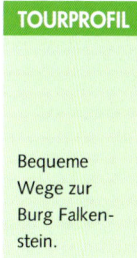

Bequeme Wege zur Burg Falkenstein.

WANDERN IM HARZ/ TOUR 20

20 Zum Josephskreuz

TOURINFO KOMPAKT			
Anspruch: mittel	Länge: 11,8 km	Dauer: 3:30 Std.	Höhendifferenz: 374 m

Von einem der schönsten Fachwerkstädtchen im Harz, Stolberg, wandern wir durch den Wald zum größten Doppel-Gipfelkreuz der Welt, dem Josephskreuz auf dem Großen Auerberg.

Ausrüstung: Feste Wanderschuhe, ausreichend Getränke und Verpflegung.

Anfahrt mit dem Auto: A38, Ausfahrt Berga, über Uftrungen und Rottleberode nach Stolberg.

Anfahrt mit Bus & Bahn: Mit dem Zug zum Bahnhof Stolberg.

Ausgangspunkt: Bahnhof Stolberg
51° 34´ 3" N 10° 57´ 27" O

Einkehr: Verschiedene Restaurants in Stolberg.
Unsere Empfehlung:
Hotel Restaurant „Zum Bürgergarten" · Thyratal 1 · 06536 Stolberg (Harz) · Tel.: 03 46 54 / 81 10 · www.hotel-zum-buergergarten.de. Hinter den 300 Jahre alten Mauern eines alten Fachwerkhauses verbirgt sich moderner Standard und komfortable Gemütlichkeit in gediegenem, rustikalem Ambiente. Täglich geöffnet ab 16 Uhr.

Vom  Bahnhof in Stolberg geht es durch die Niedergasse in Richtung Norden zum Zentrum des hübschen Fachwerkstädtchens. Dabei passiert man die Alte Münze und hat immer Schloss Stolberg im Blick. Die Alte Münze, ein sehr schön restaurierter Renaissance-Fachwerkbau, beherbergt eine historische Münzwerkstatt und eine sehenswerte Ausstellung zu Thomas Müntzer, dem bekannten Reformator, und zur Stadtentwicklung im 15. und 18. Jh.

Am Markt beeindrucken uns die geschlossene Fachwerkbebauung und das im Jahr 1454 erbaute **Rathaus** ❶, welches mit seiner Außentreppe die Angestellten der Stadt beim Wechsel des Stockwerks

▶ *Blick auf die Martinikirche in Stolberg.*

UNTERHARZ / STOLBERG

immer wieder an die frische Luft bringt. Jede Ebene des dreigeschossigen Hauses erfüllte damals einen anderen Zweck: Unten befand sich der Handelsplatz der Kaufleute, in der Mitte die Tanzdiele und im oberen Stockwerk die Schule. Da alle drei Stockwerke separat erreicht werden sollten, baute man die Außentreppe. Hinter dem Rathaus erhascht man noch einen Blick auf die hübsche Martini-Kirche, bevor es durch die verwinkelten Gassen in Richtung Ortsausgang geht. An der Gabelung hinter der kleinen Friedhofskapelle hält man sich links und wandert auf der Alten Auerberg-

▶ *Das Josephskreuz.*

TOURPROFIL

Überwiegend Forstwege, am Anfang ein langgezogener Anstieg.

— 11,8 km Länge

WANDERN IM HARZ / TOUR 20

straße, einem bequemen Forstweg, oberhalb der Kleinen Wilde das Zechental hinauf. Nach knapp 3,5 km der Wanderung kommt man an die **Sieben-Wege-Kreuzung** ❷, wo es geradeaus weitergeht.
Einige Meter weiter treffen wir auf einen nach rechts abzweigenden Pfad. Hier verlässt man die Alte Auerbergstraße, folgt dem Pfad für ein kurzes Stück und nimmt den nächsten Abzweig links. Nun führt uns der Weg immer geradeaus, den Auerberg hinauf, bis zum Josephskreuz. Ging es zuvor bereits stetig, aber moderat bergauf, so folgt nun

UNTERHARZ / STOLBERG

der kräftigste Anstieg der Wanderung, denn zum wohl größten Doppelkreuz der Welt sind noch einmal rund 130 Höhenmeter zu bewältigen. Zur Aussichtsplattform des 38 m hohen Kreuzes selbst folgen weitere 200 Stufen. Oben angekommen, belohnt uns der herrliche Rundblick vom **Josephskreuz** ❸.
Auch das Bauwerk selbst, eine Stahlkonstruktion, die in Anlehnung an die Pläne des Architekten Karl Friedrich Schinkel 1896 wiedererbaut wurde (sein Jospheskreuz war eine Holzkonstruktion von 1833/34), ist beeindruckend. In der Gaststätte Bergstüb'l können wir zur verdienten Rast einkehren und uns von den bisherigen Anstrengungen erholen. Den Auerberggipfel verlässt man in nordöstliche Richtung und wandert auf einem Pfad hinab bis kurz vor die Ortschaft Auerberg. Hier hält man sich rechts und wandert am Fuße des Auerbergs weiter. Man umrundet ihn halb und folgt der Markierung „Grünes Dreieck". Dabei passiert man diverse Abzweige und drei Kreuzungen, hält sich aber immer geradeaus, bis man zu einer Wegespinne mit **Schutzhütte** ❹ kommt.
Hier folgt man dem dritten Pfad nach rechts in Richtung **Georgenberg** ❺. Über diesen wandern wir kaum spürbar hinweg und halten uns wiederum an allen Abzweigen geradeaus, bis der Weg in der Nähe des Waldrands auf eine T-Kreuzung trifft. Hier orientiert man sich scharf links und folgt weiterhin dem „Grünen Dreieck" den Talhang der Thyra hinab nach Stolberg. Eine große Fachwerkvilla auf der Thyrahöhe passierend, biegen wir rechter Hand in die Straße von der Thyrahöhe hinab ein und erreichen schließlich wieder unseren Startpunkt, den Bahnhof in Stolberg.

WANDERN IM HARZ/ TOUR 21

21 Die Wippertäler ab Wippra

TOURINFO KOMPAKT			
Anspruch: schwer	Länge: 24,8 km	Dauer: 6:00 Std.	Höhendifferenz: 419 m

Vorbei an drei Mühlen geht es von Wippra aus entlang der Schmalen und der Alten Wipper durch beschauliche Wiesentäler und zur Wippertalsperre.

Ausrüstung: Feste Wanderschuhe, Getränke und Verpflegung, evtl. Badesachen für eine Badepause.

Anfahrt mit dem Auto: A38 bis Abfahrt Sangerhausen West, weiter über Taubenberg, Gonna und Grillenberg nach Wippra.

Anfahrt mit Bus & Bahn: Mit dem Zug nach Wippra.

Ausgangspunkt: Bahnhof Wippra 51° 34′ 33″ N 11° 16′ 49″ O

Einkehr: Verschiedene Einkehrmöglichkeiten in Wippra.
Unsere Empfehlung:
Mühlencafé Wippra · Poststraße 8 · 06526 Sangerhausen · Tel.: 03 47 75 / 2 17 04 · www.muehlencafe-wippra.de, Hausmannskost, tgl. geöffnet.

▶ *Der Wipperstausee.*

Unsere Tour startet am 🅂 Bahnhof in Wippra. In westliche Richtung wandert man auf der Bahnhofstraße, der Poststraße und der Eckardtstraße aus der Ortschaft hinaus. Zunächst noch entlang der Landstraße durch das Wippertal gehend, erreicht man nach ca. 2 km eine Brücke. Rechter Hand sehen wir die Mündung der Schmalen Wipper, in deren Tal wir nun einbiegen. Auf einer Forststraße führt uns der Weg weiter zu einer Fußgängerbrücke, man überquert diese, ehe es links auf der nördlichen Seite der Schmalen Wipper weitergeht. Oberhalb der Wiesen gelangt man dann weiter zur ehemaligen **Kaufmannsmühle** ❶. Diese lässt

UNTERHARZ / WIPPRA

▶ *Stauteich in der Nähe der Obermühle.*

man links liegen und folgt dem Fußweg für ca. 1 km bis zu einem befestigten Weg. Auf ihm wird der Bach erneut überquert, bevor man am südlichen Ufer auf Waldwegen durch das Naturschutzgebiet Ziegenberg wandert und die **Untermühle** ❷ erreicht. Auf befestigtem Weg passieren wir nun diese und ihr Pendant, die ehemalige Obermühle, und treffen alsbald auf einen Stauteich. Hier wendet man sich nach links und steigt auf dem linken der beiden Wege hinauf in Richtung Dankerode. Aus dem Wald kommend, hält man sich erneut links und wandert durch ein Seitental zwischen Waldrand und freiem Gelände hinunter zur Wipper. Im Tal der Wipper angekommen, führt uns der Weg links in Richtung **Wippertalstausee** ❸ – bei warmem

TOURPROFIL

Lange Wanderung mit sanftem Anstieg.

WANDERN IM HARZ / TOUR 21

Wetter können wir einen Sprung ins kalte Nass wagen. Entlang des sich schlängelnden Sees wandern wir zur Staumauer. Sie wurde Anfang der 1950er Jahre als Vorsperre errichtet – ihr sollte noch eine Hauptsperre folgen, um Brauchwasser für den Kupferschieferabbau sowie die anschließende Verhüttung des gewonnenen Erzes in der Mansfelder Region zu gewinnen. Später unterließ man jedoch den Bau der Hauptsperre. Im Rahmen einer Führung können die Kontrollgänge im Inneren der **Staumauer** ❹ besichtigt werden.

Entlang der Talstraße wandern wir weiter bis zur Birkbergbrücke und

UNTERHARZ / WIPPRA

dem **Grillplatz „Elsternest"** ❺. Hier befindet sich das Arboretum, ein botanischer Garten mit den Holzarten der Region. Wir überqueren auf der Brücke die Wipper und wandern auf dem „Knüppeldamm", einem Gesteins- und Naturlehrpfad, zurück zur Mündung der Schmalen Wipper. Auf der uns bekannten Landstraße geht es zum Ausgangspunkt dieser Tour, dem Bahnhof in Wippra, zurück. An der Kreuzung von Post- und Bahnhofsstraße können wir noch einen Abstecher in die Fleckstraße machen und die **Museums- und Traditionsbrauerei Wippra/Harz** ❻ besichtigen, sie liegt nur wenige Meter entfernt.

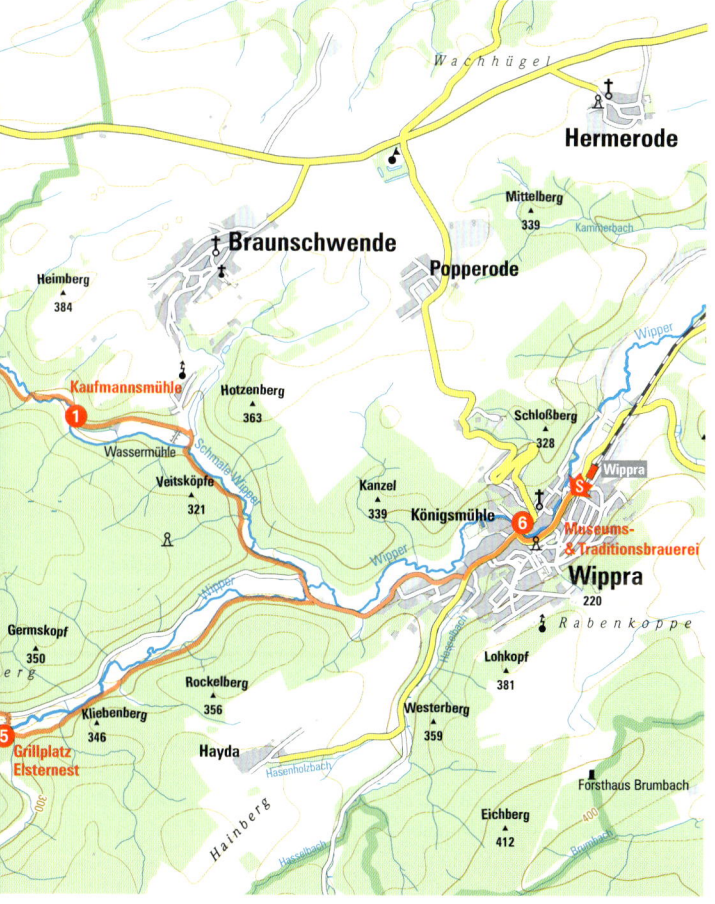

WANDERN IM HARZ / TOUR 22

22 Der Kyffhäuserweg

TOURINFO KOMPAKT

Anspruch:	Länge:	Dauer:	Höhendifferenz:
mittel	36,6 km	10:00 Std.	1.108 m

Der Kyffhäuserweg führt uns auf einem 38 km langen Rundweg quer über den sagenumwobenen Bergrücken und durch den Naturpark Kyffhäuser und passiert dabei zahlreiche Sehenswürdigkeiten.

Ausrüstung: Feste Wanderschuhe, Getränke und Verpflegung.

Anfahrt mit dem Auto: Über die A71 auf die Bundesstraße 176 und weiter über Oldisleben nach Bad Frankenhausen.

Anfahrt mit Bus & Bahn: Mit dem Zug nach Heldrungen, weiter mit dem Bus nach Bad Frankenhausen.

Ausgangspunkt: Anger in
Bad Frankenhausen
51° 52' 7" N 10° 17' 9" O

Einkehr: Diverse Gastronomie entlang der Strecke. Unsere Empfehlung: Alte Hämmelei · Bornstraße 33 · 06567 Bad Frankenhausen · Tel.: 03 46 71 / 51 20 · www.alte-haemmelei.de, rustikale Küche, tgl. geöffnet.

1. Etappe: Bad Frankenhausen–Reichsburg Kyffhausen/Kyffhäuserdenkmal (22 km)

Vom **S** Anger aus, unserem Startpunkt mitten in Bad Frankenhausen, verlassen wir die Stadt in nordwestliche Richtung. Südlich von Schloss Hoheneck laufen wir bergauf, bis zu unserem ersten Aussichtspunkt, dem **Galgenberg** ❶. Von hier aus haben wir einen herrlichen Ausblick auf die zwei Höhenzüge Windleite und Hainleite sowie auf das Frankenhäuser Tal. Im Gebiet der Weißen Küche betreten wir schließlich den Wald. Vom **Aussichtspunkt Kattenburg** ❷ können wir erneut einen schönen Ausblick genießen.

Auf einem Hohlweg geht es dann zunächst bergauf und wieder bergab. Schließlich laufen wir durch offene Landschaft bergab in Richtung **Barbarossahöhle** ❸. Kurz vor der Höhle, für die es sich lohnt, einen Zwischenstopp einzulegen, bietet uns die Ruine Falkenburg eine weitere Aussichtsplattform. Nach einem kurzen Stück auf der Landstraße laufen wir auf einem Weg zur Ortschaft Steinthaleben. Im Nordwesten des Dorfes folgen wir dann dem Pfad in Richtung Wald, wo wir noch einmal den Blick in die Umgebung schweifen lassen können. Nun beginnt der Aufstieg: Über den Mönchenberg und vorbei am

SÜDRAND / BAD FRANKENHAUSEN

Kulpenberg, mit 473 m die höchste Erhebung des Kyffhäusers, gelangen wir am Nordrand des Kyffhäusergebirges zur Burgruine Rothenburg. Weiter geht es auf einem Waldpfad durch das Naturschutzgebiet Rothenburg in östlicher Richtung. Bei den Sittendorfer Köpfen gibt es einen schönen Aussichtspunkt auf die Goldene Aue und das Harzvorland. Nach wenigen hundert Metern erreichen wir schließlich das Ziel der ersten Etappe: die Ruine der Reichsburg Kyffhausen mit der Unter-, Mittel- und Oberburg und dem **Kyffhäuserdenkmal** ❹.

KYFFHÄUSERDENKMAL

81 m hoch ist das imposante Kyffhäuserdenkmal, das Ende des 19. Jh. zu Ehren von Kaiser Wilhelm I. errichtet wurde. Neben seinem Reiterstandbild erinnert eine in Stein gehauene Figur auch an Kaiser Friedrich I., bekannt als Barbarossa. Einer Sage nach soll dieser zusammen mit seinem Hofstaat im Inneren des Berges schlummern, bis ein neues goldenes Zeitalter anbricht.

2. Etappe: Reichsburg Kyffhausen/Kyffhäuserdenkmal – Bad Frankenhausen (16 km)

Vom unteren Parkplatz des Kyffhäuserdenkmals geht es bergab. Wir verlassen den Wald und gelangen über Streuobstwiesen und dem informativen Natur- und Sortenlehrpfad zum Ort Tilleda. Ein Besuch des dortigen **Freilichtmuseums Königspfalz Tilleda** ❺ lohnt sich auf alle Fälle. Nun geht es wieder bergan, wir laufen ein Stück am Waldrand entlang und schließlich durch den Buchen- und Mischwald zum Aussichtspunkt Gietenkopf hinauf. Am Fuße der weiter westlich liegenden Kautsberge haben wir einen letzten Ausblick auf den Kyffhäuser und das Harzvorland. Wir folgen dem Waldpfad bis zum Ententeich, wo wir nach links abbiegen. Ab hier geht es wieder abwärts, teils über einen Gesteinspfad, bis wir den Wald wieder verlassen. Vorbei am **Panorama Museum** ❻, dem Schlachtberg und einem Gedenkstein geht es steil bergab, bis an den Ortsrand von Bad Frankenhausen, womit wir den Ausgangspunkt unseres Rundwegs wieder erreicht haben.

Abwechslungsreiche Etappentour.

WANDERN IM HARZ / TOUR 22

SÜDRAND / BAD FRANKENHAUSEN

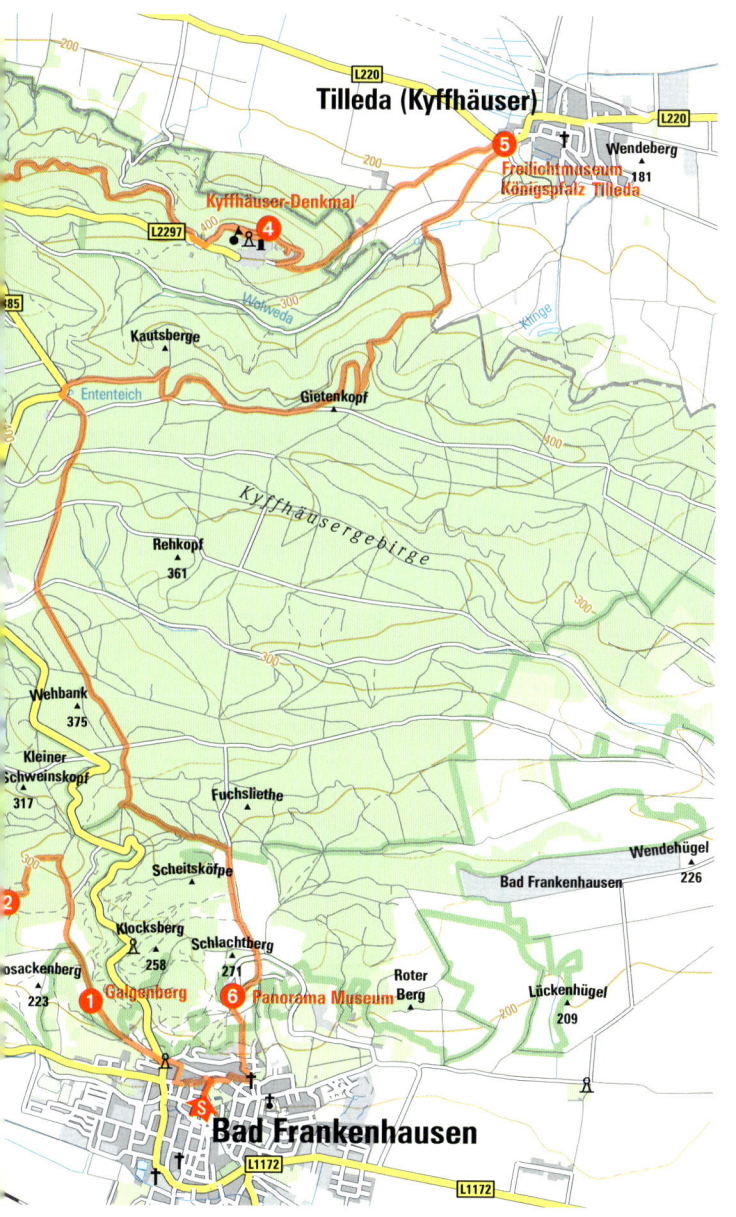

VI KARTENATLAS

KARTENATLAS VI

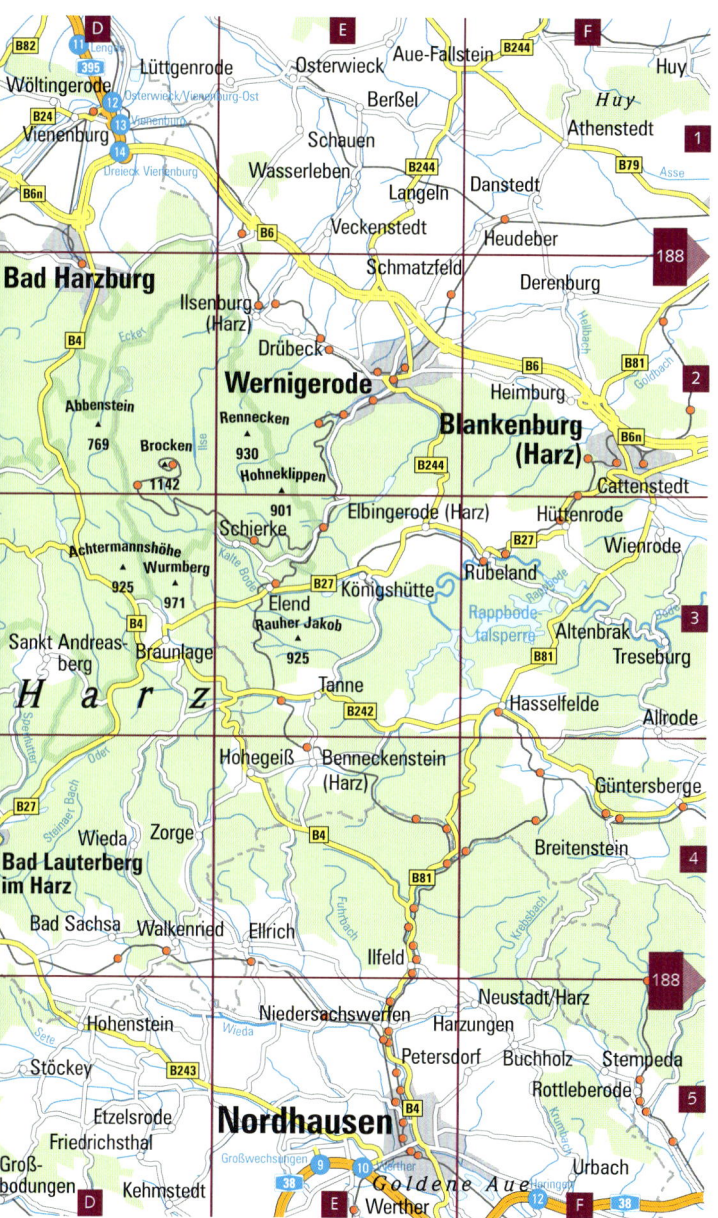

VI KARTENATLAS

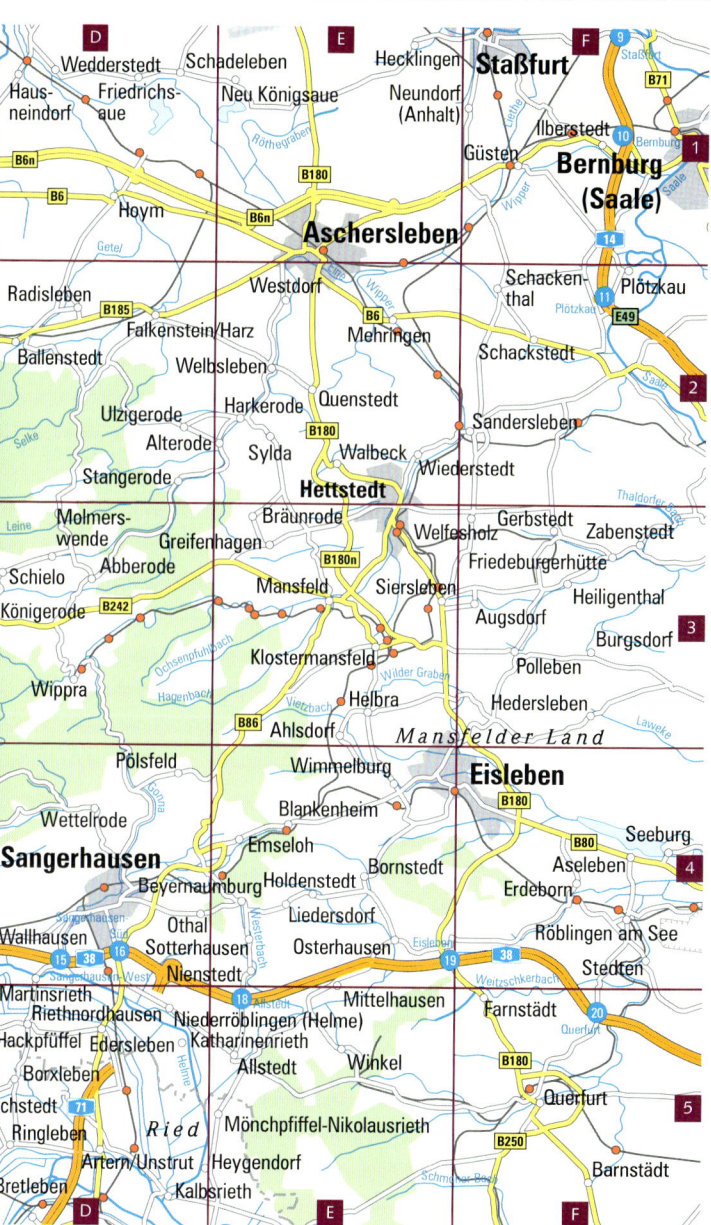

REGISTER

Achtermannshöhe	5, 89, 142, 143
Alexisbad	100, 101
Altenau	5, 15, 84–86, 112, 115
Altenbrak	27, 53, 54, 86
Bad Frankenhausen	77, 182, 183
Bad Grund	5, 7, 23, 24, 68, 82–84
Bad Harzburg	5, 16, 17, 27, 29, 31, 41–44, 128, 129, 130, 142, 150
Bad Lauterberg	16, 66–69, 104, 105, 106, 107
Bad Sachsa	17, 68, 69–71
Ballenstedt	9, 59–61
Benneckenstein	15, 27, 90, 92, 94–95, 148
Benzigerode	48
Blankenburg	17, 29, 49–52, 160, 163
Bodetal	7, 14, 52–55, 86, 95, 142, 145, 164–166
Braunlage	15, 16, 20, 21, 23, 27, 88–90, 138, 142, 143, 144, 145
Brocken	4, 5, 6, 14, 15, 17, 21, 25, 26, 29, 31, 46, 49, 69, 85, 86, 89, 91, 92, 94, 102, 119, 129, 130, 131, 132, 133, 134, 135, 136, 138, 139, 140, 143, 157, 165
Buntenbock	83, 86
Clausthal-Zellerfeld	15, 27, 29, 62, 80–82, 83, 112, 113, 115
Drei Annen Hohne	17, 86, 91, 92, 152, 155
Elbingerode (Harz)	92–94
Gernrode	9, 25, 50, 60–61, 100
Goslar	5, 8, 14, 15, 16, 17, 18, 19, 20, 23, 25, 27, 33–39, 62, 71, 83, 120, 121, 122, 123, 124
Hahnenklee	15, 19, 78–79
Harzgerode	99–101, 173
Hasselfelde	7, 27, 94, 156, 158, 159
Hasserode	13, 46, 48, 49
Herzberg am Harz	17, 25, 31, 64–66, 108, 109, 110, 111
Hexentanzplatz	7, 22, 25, 26, 52, 53, 55, 164, 165, 166
Hohegeiß	15, 90–91, 150, 151
Iberg	7, 20, 82, 83, 84
Ilfeld	17, 98
Ilsenburg	8, 29, 31, 39, 44, 134, 136, 137
Kaiserpfalz	8, 20, 23, 25, 34, 35, 120, 122, 123,
Kulpenberg	183
Kyffhäuser	76–77, 182, 183
Lautenthal	5, 65, 79–80, 83, 116, 117, 119
Lonau	65
Lutherstadt Eisleben	75
Matthias-Schmidt-Berg	7, 88
Meisdorf	172, 173
Nationalpark Harz	5, 20, 23, 31, 41, 42, 43, 44, 65, 78, 85, 86, 92, 130, 146
Nordhausen	5, 16, 17, 19, 23, 46, 62, 71–74
Oberharzer Wasserregal	25, 81, 86, 87, 112, 113, 114, 148
Osterode am Harz	5, 14, 15, 16, 17, 19, 25, 29, 62–64, 83, 86
Pullman City II	7, 94
Quedlinburg	9, 16, 17, 25, 27, 49, 52, 55–59, 72, 94, 100, 169
Rammelsberg	8, 23, 24, 25, 33, 34, 38, 78, 80, 120, 121, 122, 123
Rosstrappe	7, 52, 53, 54, 165, 166
Rübeland	92, 93
Sangerhausen	13, 16, 17, 20, 27, 74–76, 178
Sankt Andreasberg	5, 7, 15, 27, 86–88, 146, 147, 148, 149

190

REGISTER / BILDNACHWEIS

Scharzfeld	65, 66		26, 29, 50, 52–55, 164, 165, 166
Schierke	6, 15, 26, 30, 91–92, 138, 139, 141	Tilleda	77, 183
		Torfhaus	6, 15, 85, 86, 130, 133
Seesen	16, 17, 26, 27, 31, 32–33	Treseburg	7, 53, 54, 166
Sophienhof	98	Vienenburg	39
Stangerode	101–102	Walkenried	68, 70
Stecklenberg	168, 169, 170	Welfenschloss	64, 65, 66, 108, 110
Steinthaleben	182	Wernigerode	5, 8, 9, 15, 16, 17, 19, 25, 27, 29, 45–49, 85, 91, 92, 130, 152, 155
Stolberg (Harz)	25, 27, 96–99, 174, 177		
Tanne	27, 95	Wettelrode	75
Tettenborn	69	Wildemann	5, 27, 83
Teufelsmauer	29, 50, 161, 162, 163	Wippra	17, 76, 178, 181
Thale	5, 7, 14, 15, 17, 20, 22, 25,	Wolfshagen	39, 83

Bildnachweis

Titelbild: Blick von der Kästeklippe
Foto: Harzer Tourismusverband

Dieter Beer	4, 16, 53, 60, 165, 167	Michael Lemke	28
Thomas Brewitz	135	Heide Ludwig	63, 81, 108
Jochen Dietrich	109	Dirk Lübker	87, 143, 146, 160, 161
Sven Dzubiel	30	Eduard Manchón	11
Anja Fäller	22	Dr. Jürgen Mangelsdorf	128
Susi G.	152	Lars Matthias	179
GOSLAR Marketing GmbH	35, 36	Reit- und Sporthotel Nordmann	102
Christian Graef	78	Felix O.	100
Harzer Verkehrsverband	1, 14, 18, 24, 26, 28, 31, 32, 41, 49, 50, 56, 65, 70, 79, 112, 121, 125, 147, 155, 175, Rückseite	Christoph Oberländer	168
		Tourist-Information Osterode, G. Koch	62
		Matthias Rasche	104, 105
		Willi Rautmann	116, 117
Harzer Verkehrsverband, GMG	120	Sven Reincke	45
Harzer Verkehrsverband, U. Schrader	139	Erik Schneider	96
		Thomas Schubert	174
Frank Hebestreit	85	Harry Söll	138
Holger Hofmeister	162	Jens Steinbeißer	113
Henner Hoppe	131	Stadt Stolberg	97
Mike Jentsch	58	Karl Heinz Voss	157
Michael Krüger	178	Oliver Wagemann	6
Patrick Küpper	10	Wernigerode Tourismus GmbH	154
		Lutz Wiehle	21
		www.lebensmittelfotos.com	12

IMPRESSUM

© 2011 PUBLICPRESS Publikationsgesellschaft mbH, Geseke
ALPSTEIN Tourismus GmbH & Co. KG, Immenstadt

Projektleitung: Heinz Nettsträter, Felix Schädler
Autor: Patrick Küpper
Redaktion: Sandra Olschewski, Jan Otten,
PUBLICPRESS Publikationsgesellschaft mbH
Thilo Kreier, Cornelia Grömminger, ALPSTEIN Tourismus GmbH & Co. KG
Kartographie/Copyright: ALPSTEIN Tourismus GmbH & Co. KG
Kartengrundlage: Geoinformationen © BKG und Vermessungsverwaltungen
der Bundesländer (www.bkg.bund.de)
Bildnachweis: Seite 191
Gestaltung: Ingo Mrozek, PUBLICPRESS Publikationsgesellschaft mbH

Der Reiseführer Harz ist eine Gemeinschaftsproduktion der
PUBLICPRESS Publikationsgesellschaft mbH, 59590 Geseke und der
ALPSTEIN Tourismus GmbH & Co. KG, 87509 Immenstadt.

Alle Angaben dieses Reiseführers wurden von dem Autor und den Redaktionen mit größter Sorgfalt recherchiert, aktualisiert und überprüft. Für die Richtigkeit der Angaben kann jedoch keine Verpflichtung oder Haftung übernommen werden. Wir weisen darauf hin, dass diese Angaben häufig Veränderungen unterworfen sind und inhaltliche Fehler oder Auslassungen nicht vollkommen auszuschließen sind.

Das Werk einschließlich aller seiner Teile ist urheberrechtlich geschützt. Jegliche Verwertung, Vervielfältigung, Wiedergabe, Übersetzung, Mikroverfilmung und Verarbeitung in elektronischen Systemen, auch in Auszügen, ist ohne Zustimmung des Verlages unzulässig und strafbar.

Liebe Leserinnen, liebe Leser,
haben Sie Ergänzungen, Tipps oder Verbesserungsvorschläge zu diesem Buch? Dann schreiben Sie uns bitte:
PUBLICPRESS Publikationsgesellschaft mbH,
Redaktion, Mühlenstraße 11, 59590 Geseke
Internet: www.publicpress.de, E-Mail: reisefuehrer@publicpress.de
Printed in Germany
1. überarbeitete Auflage 2011, ISBN 978-3-89920-998-3

Interessenten für Anzeigen wenden sich bitte an: PUBLICPRESS Publikationsgesellschaft mbH, Tel. 0 29 42 / 9 88 70-16, info@publicpress.de